THIS BOOK BELONGS TO :

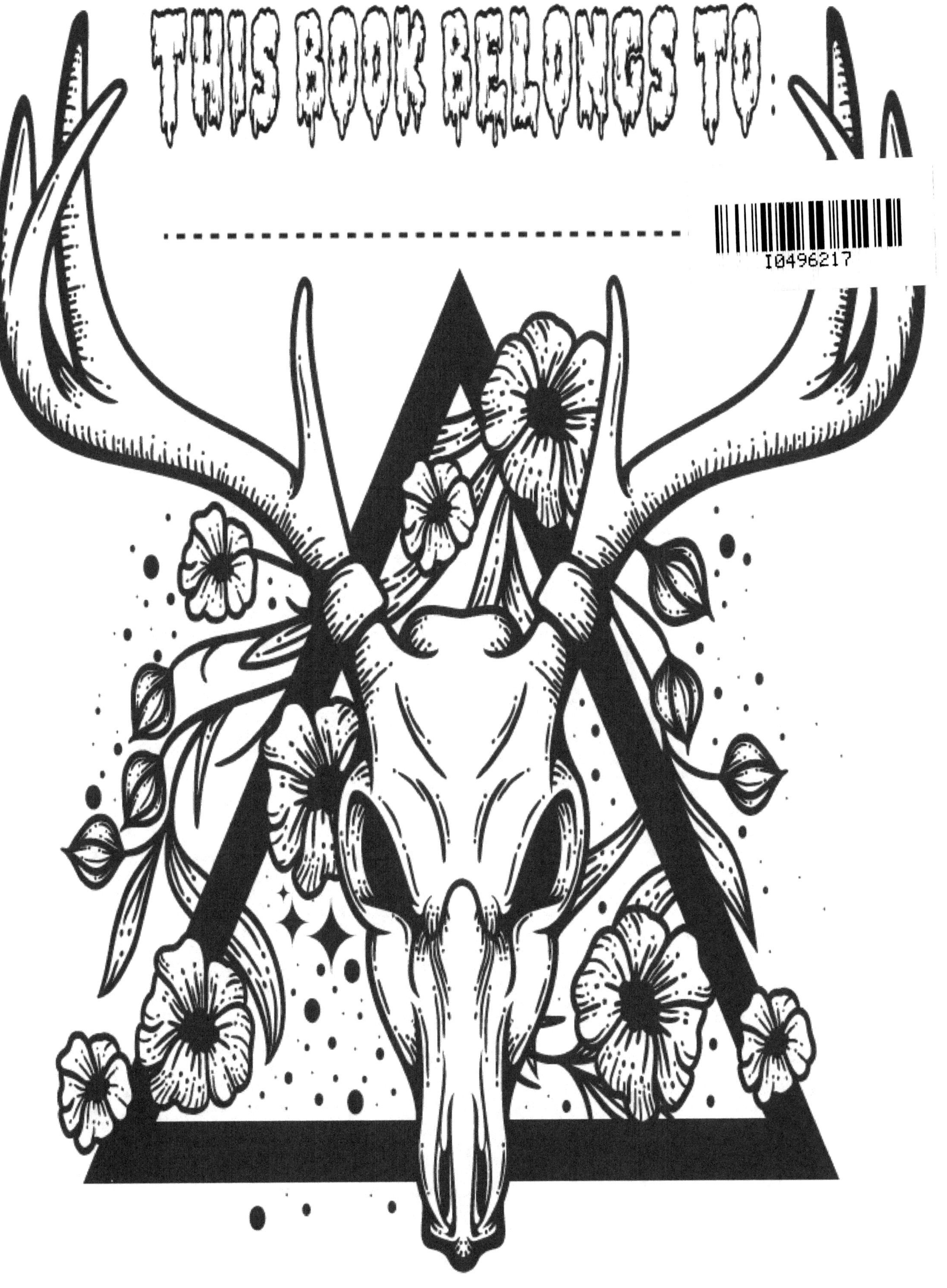

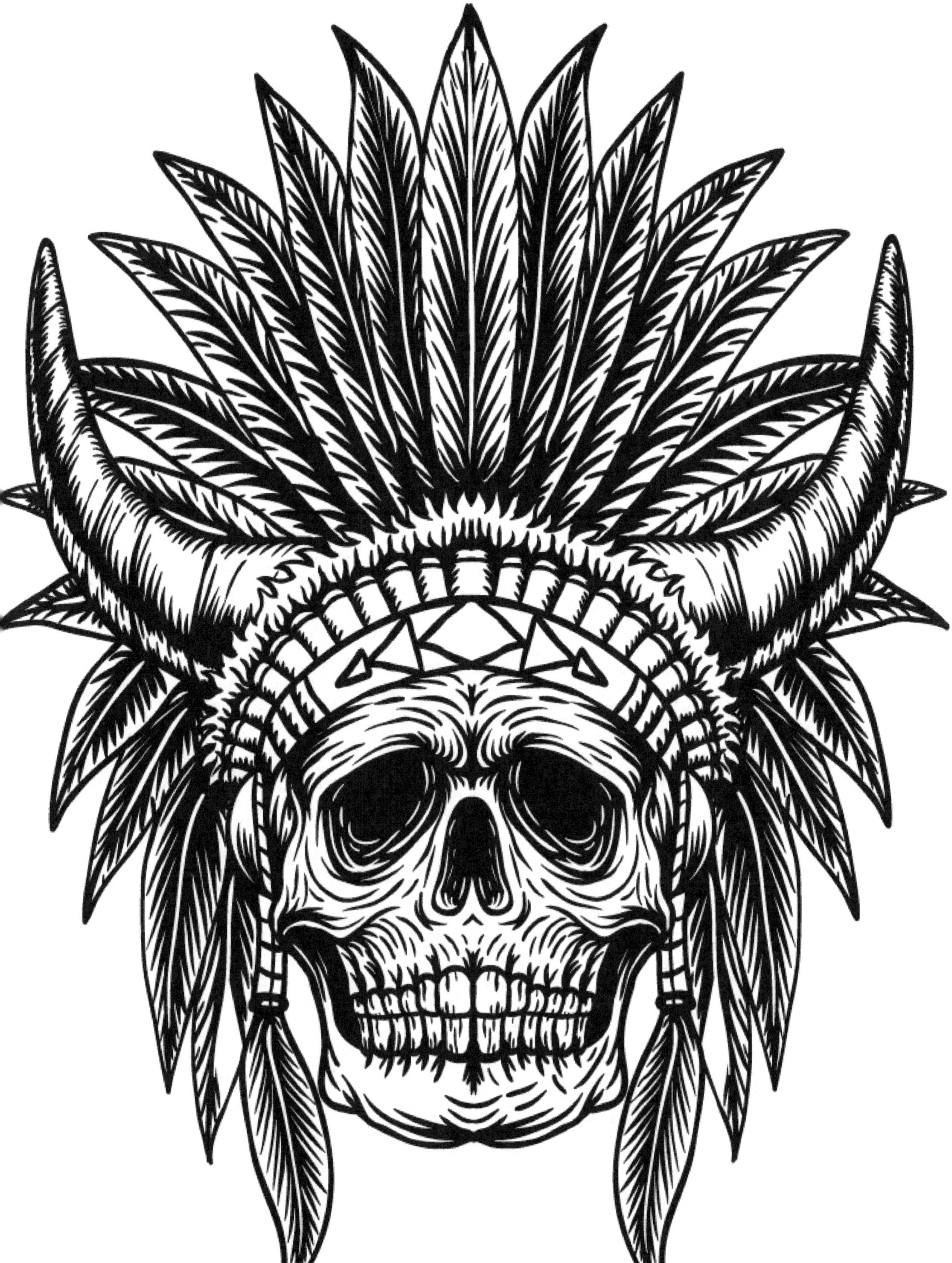

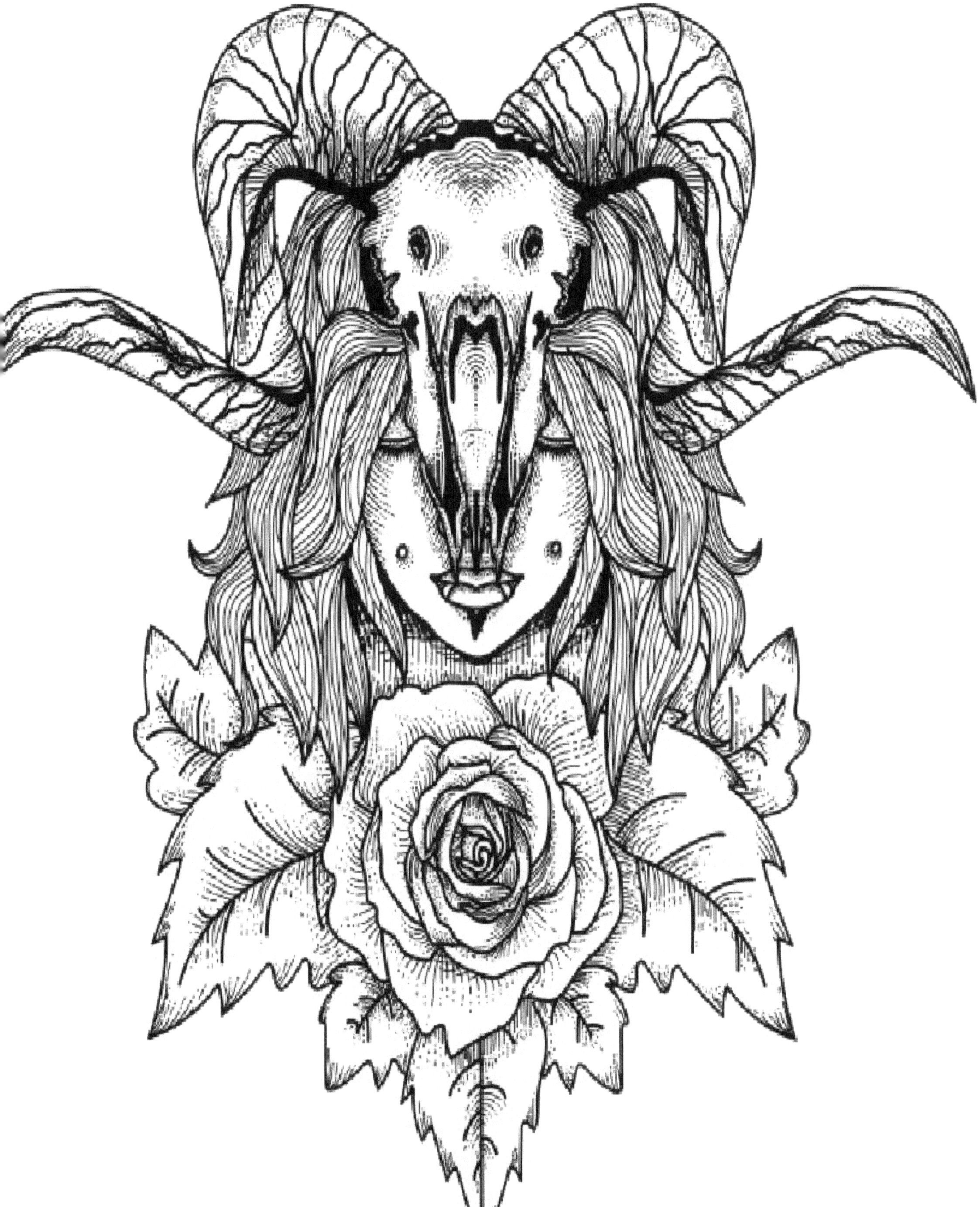

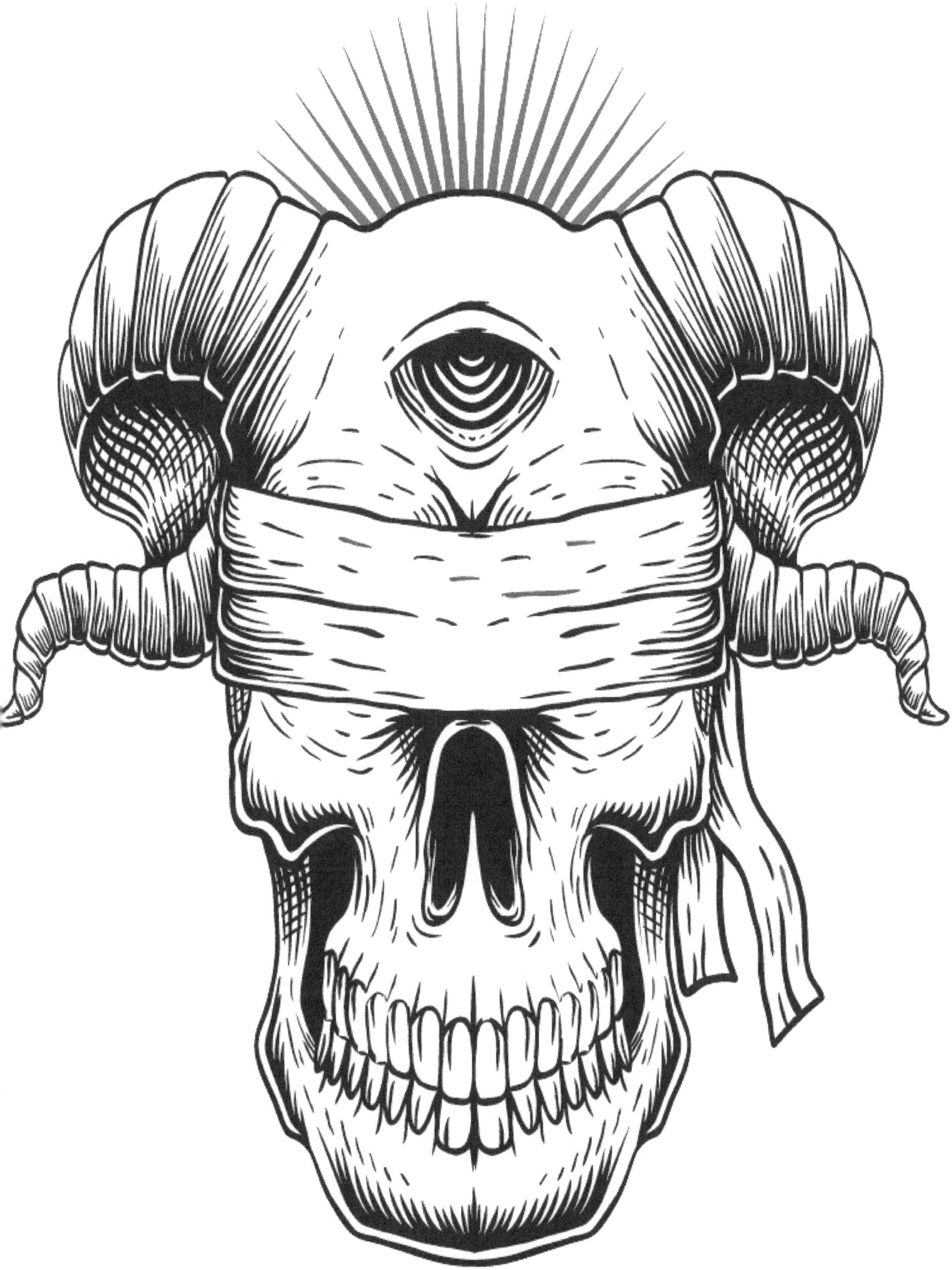

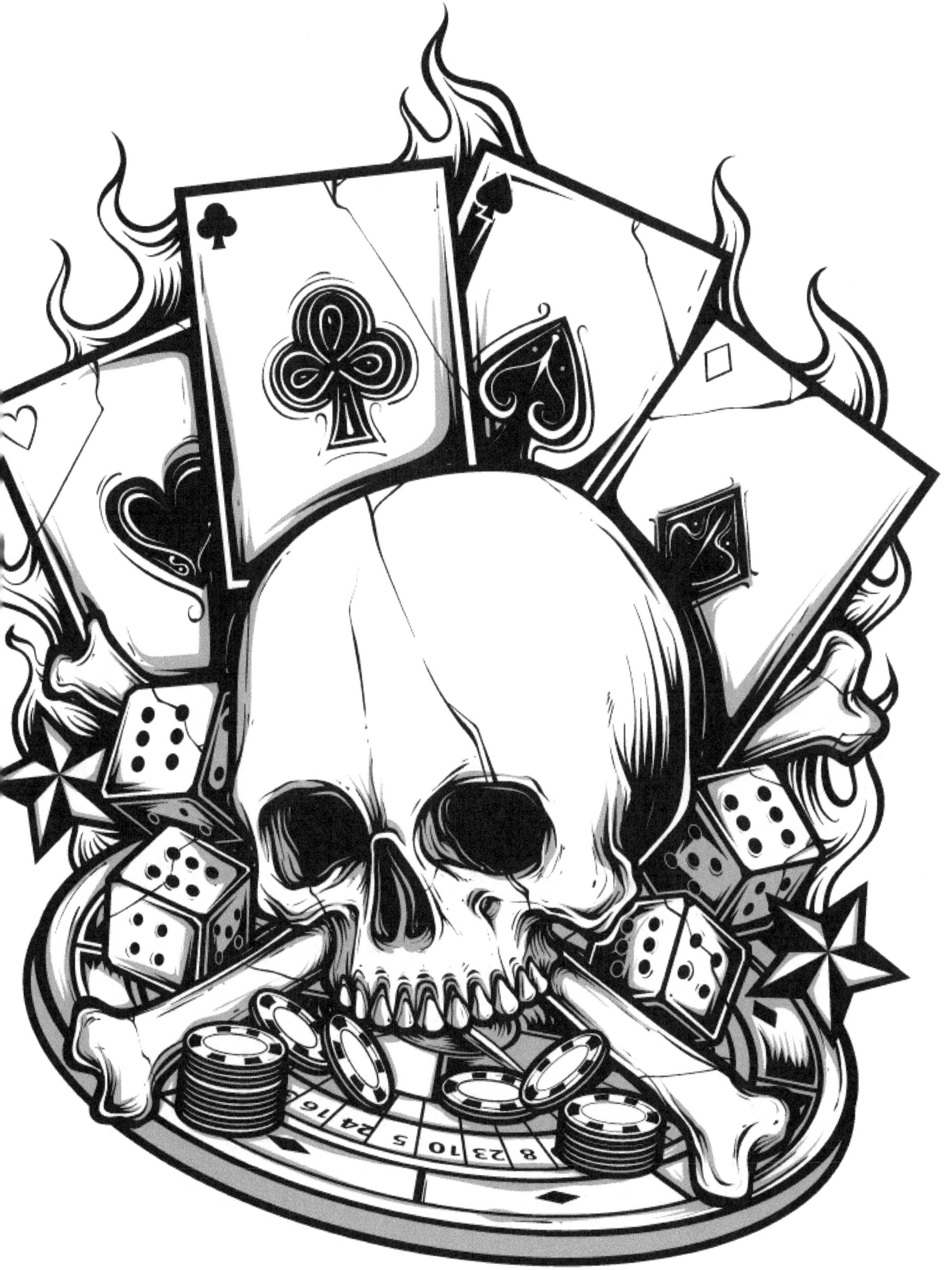
16
24
5
10
23
8

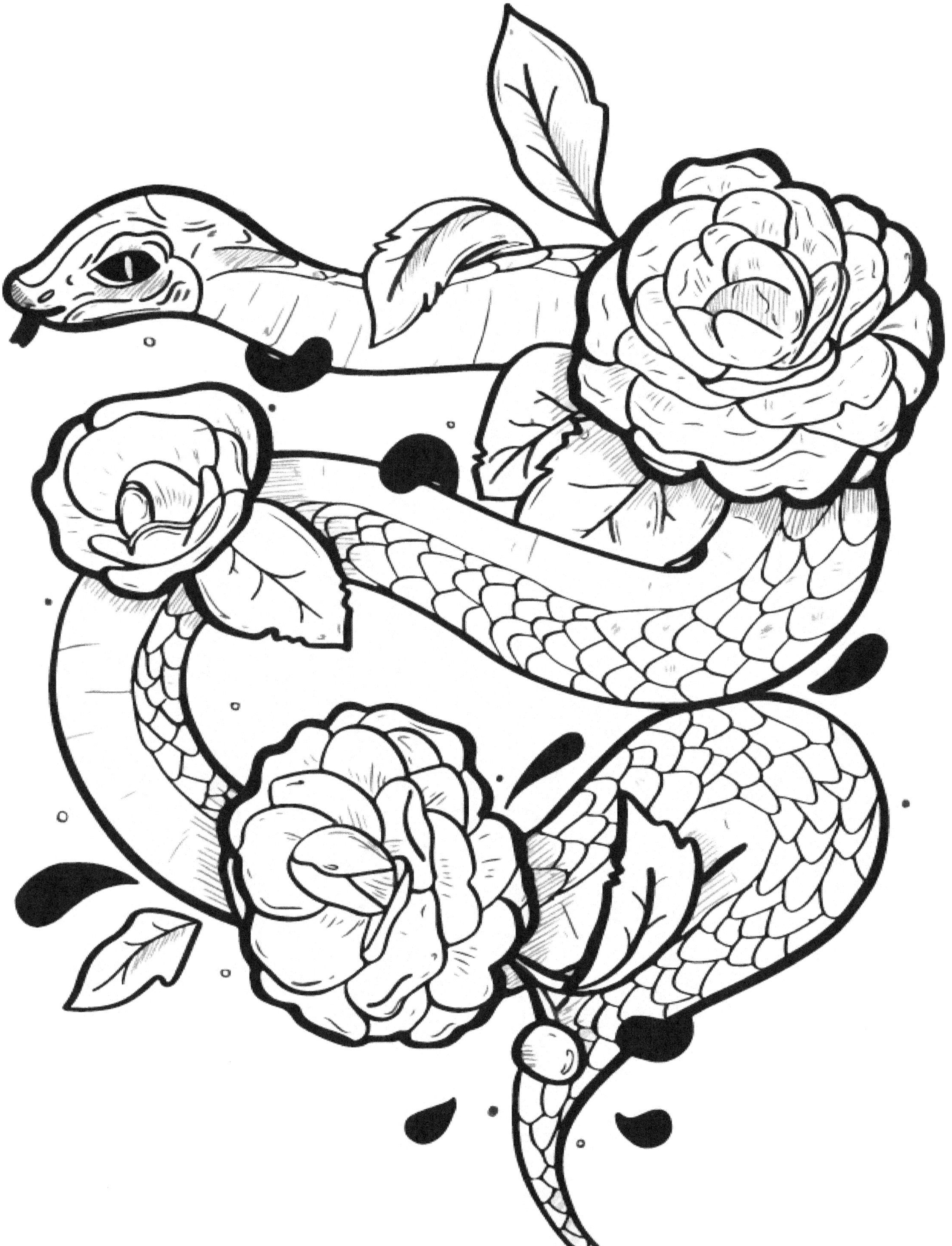

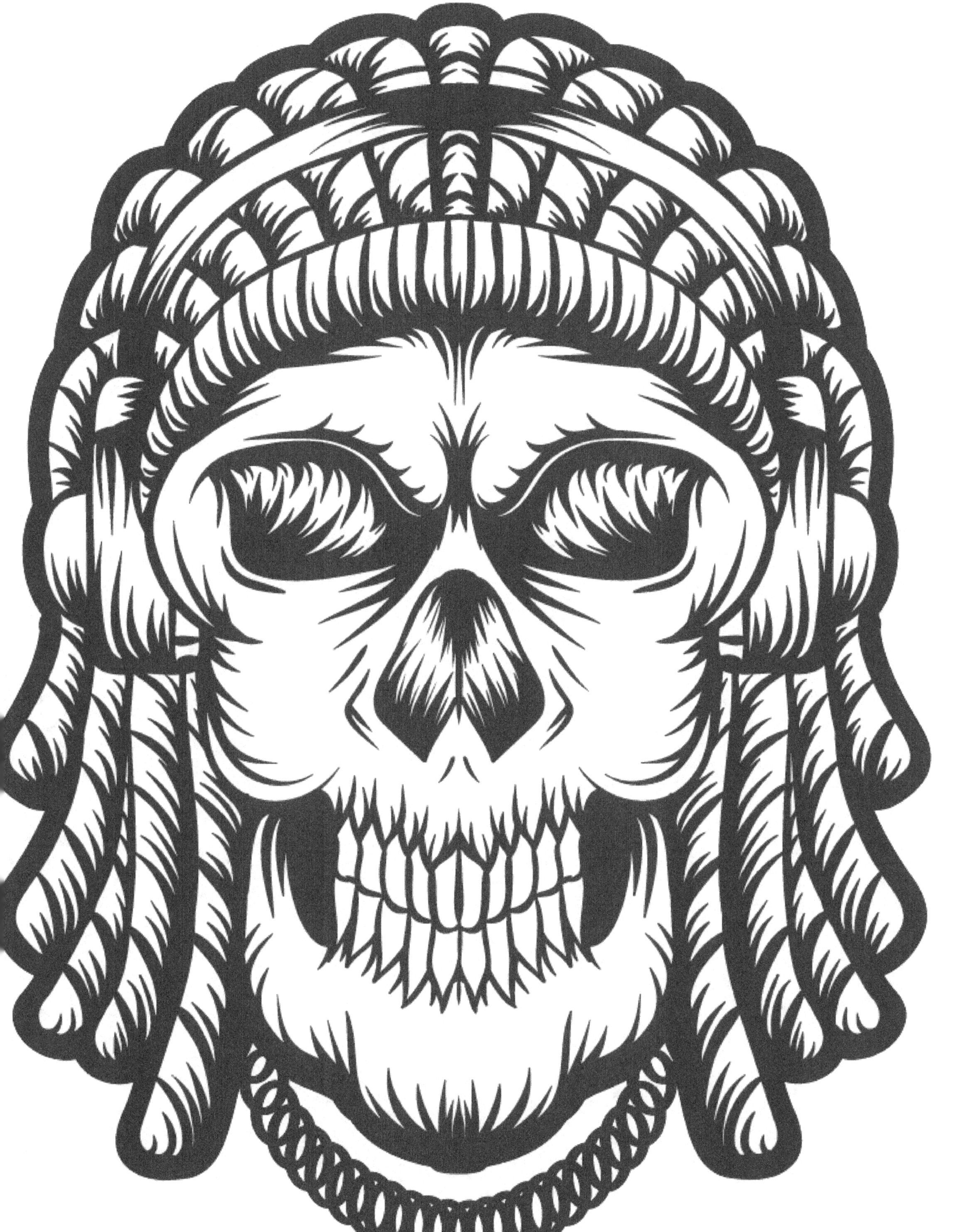

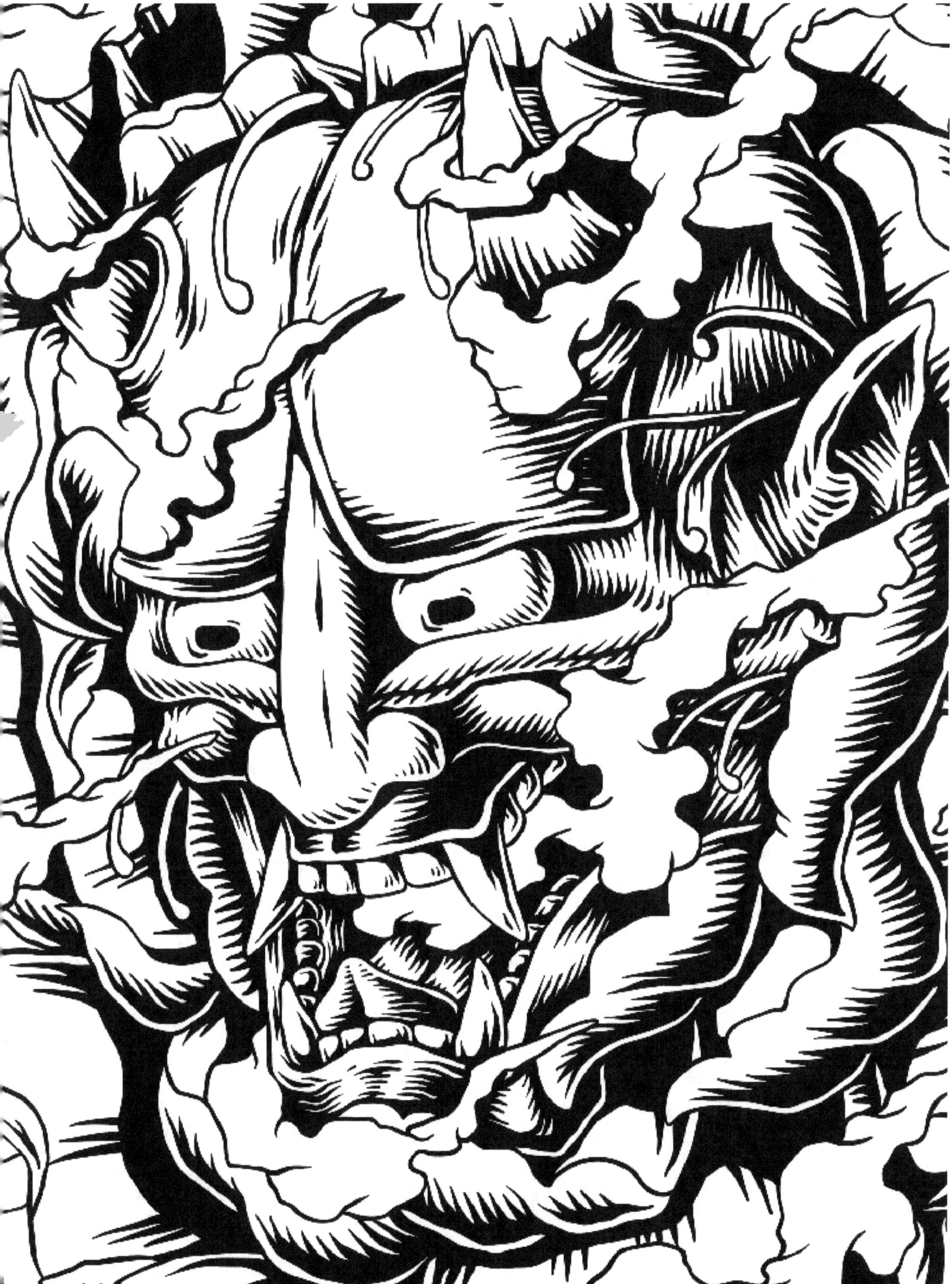

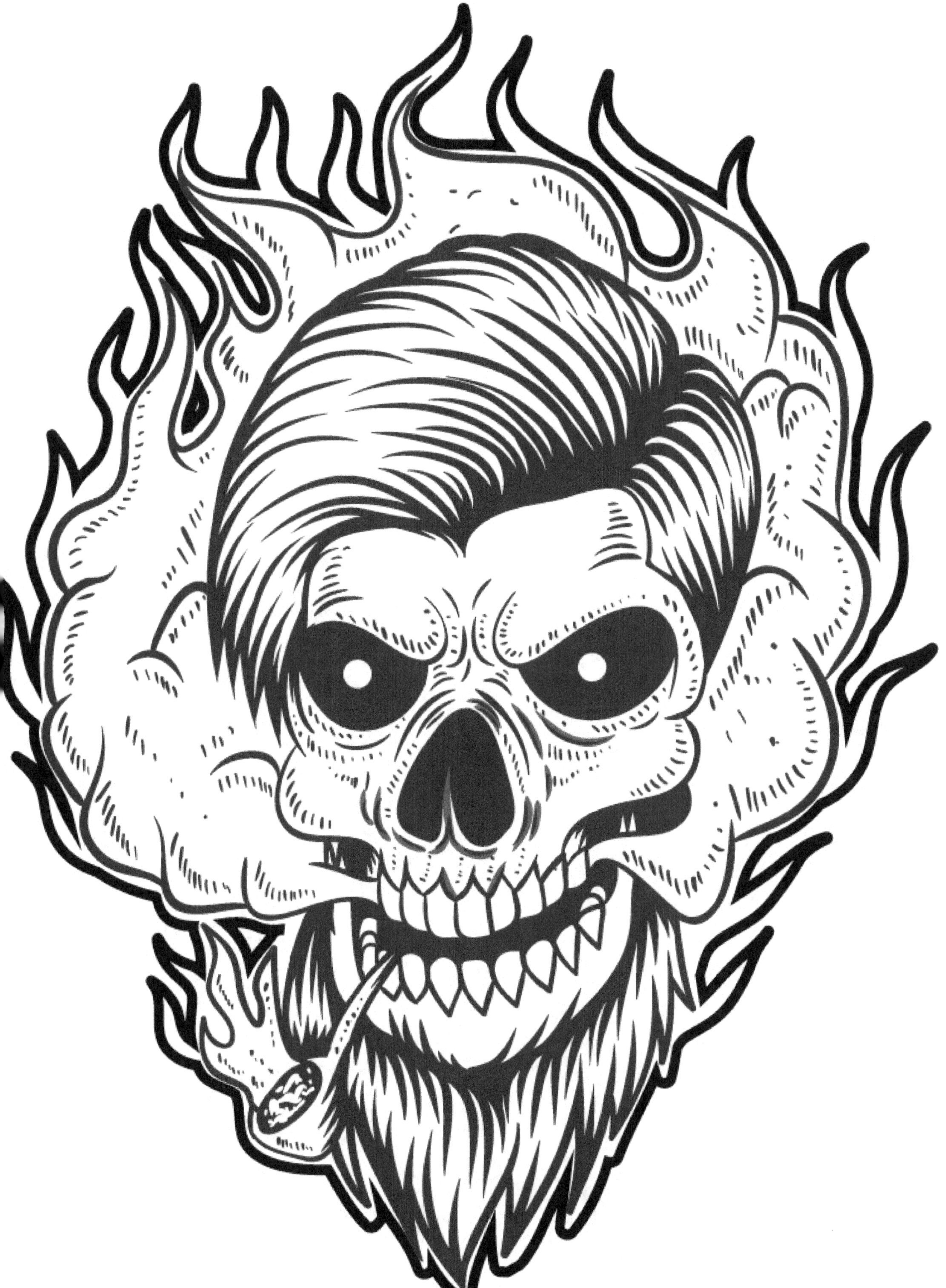

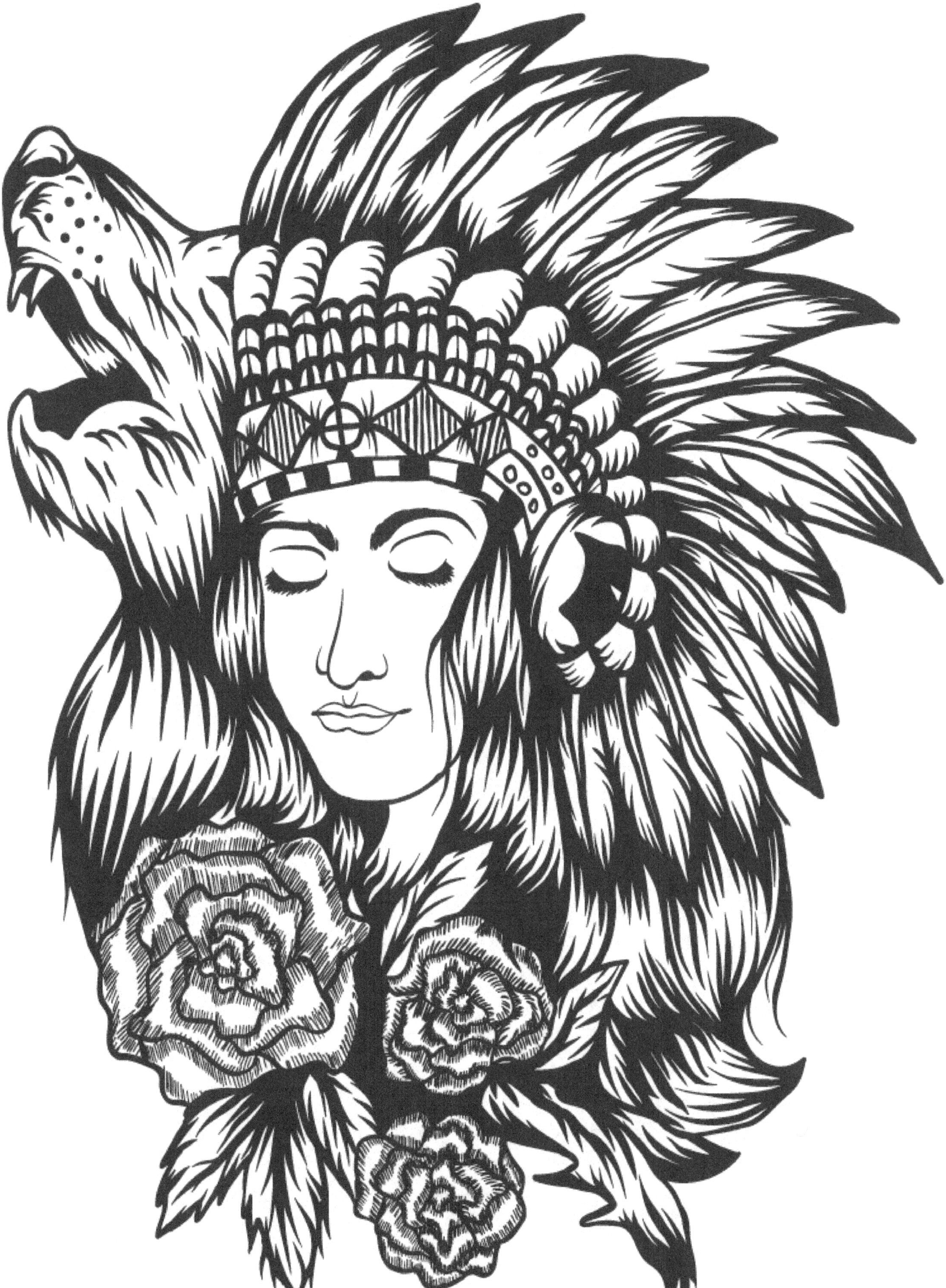

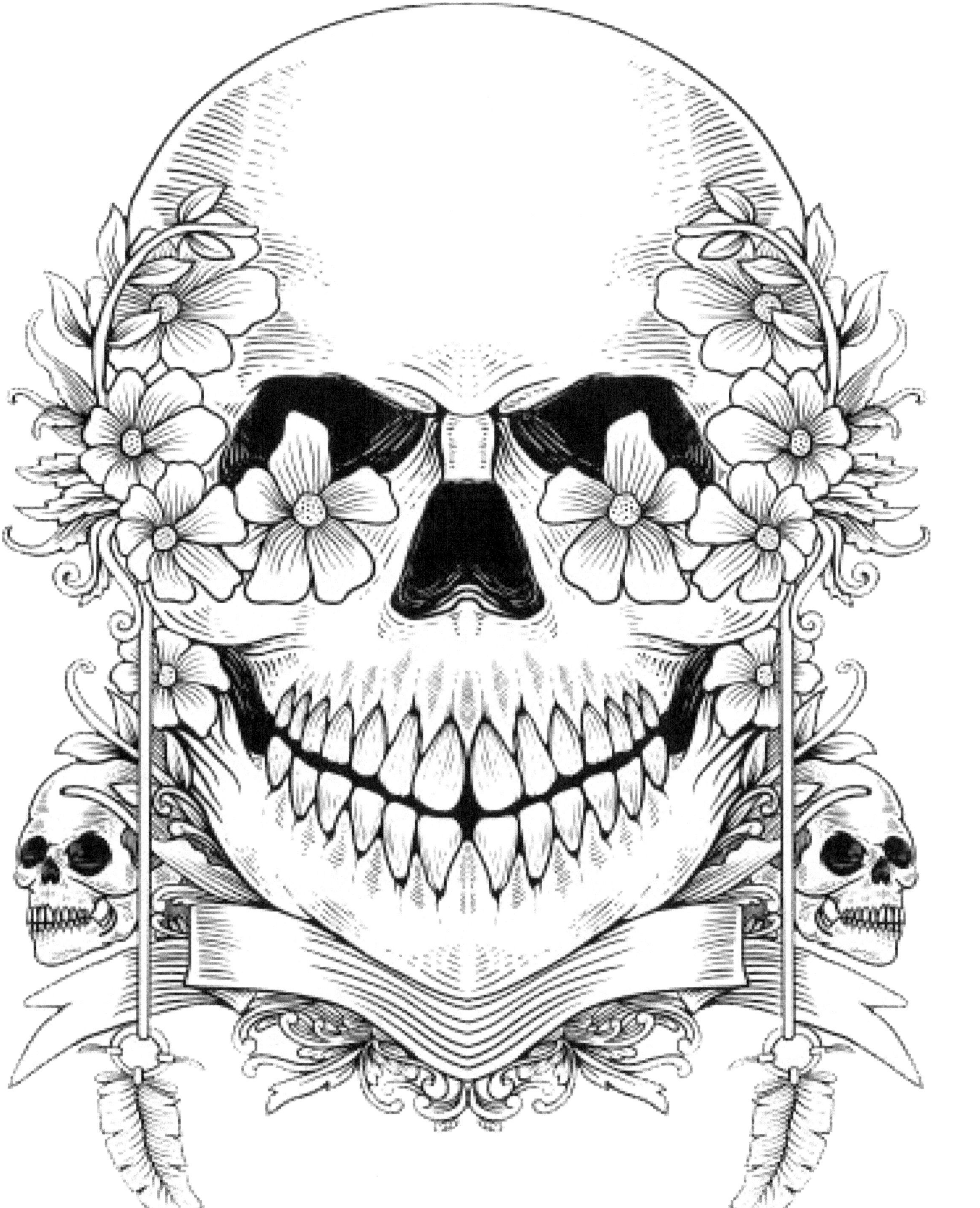

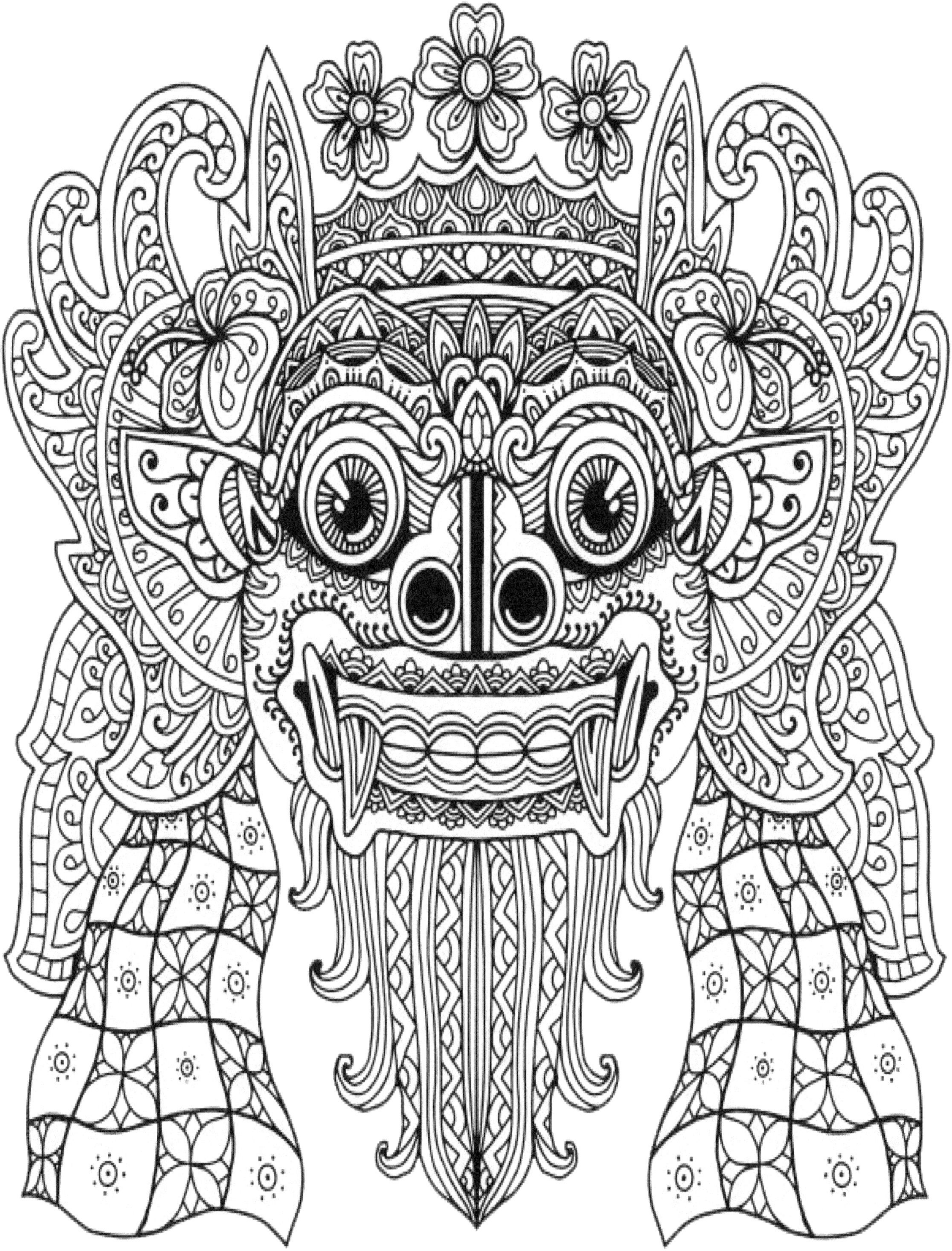

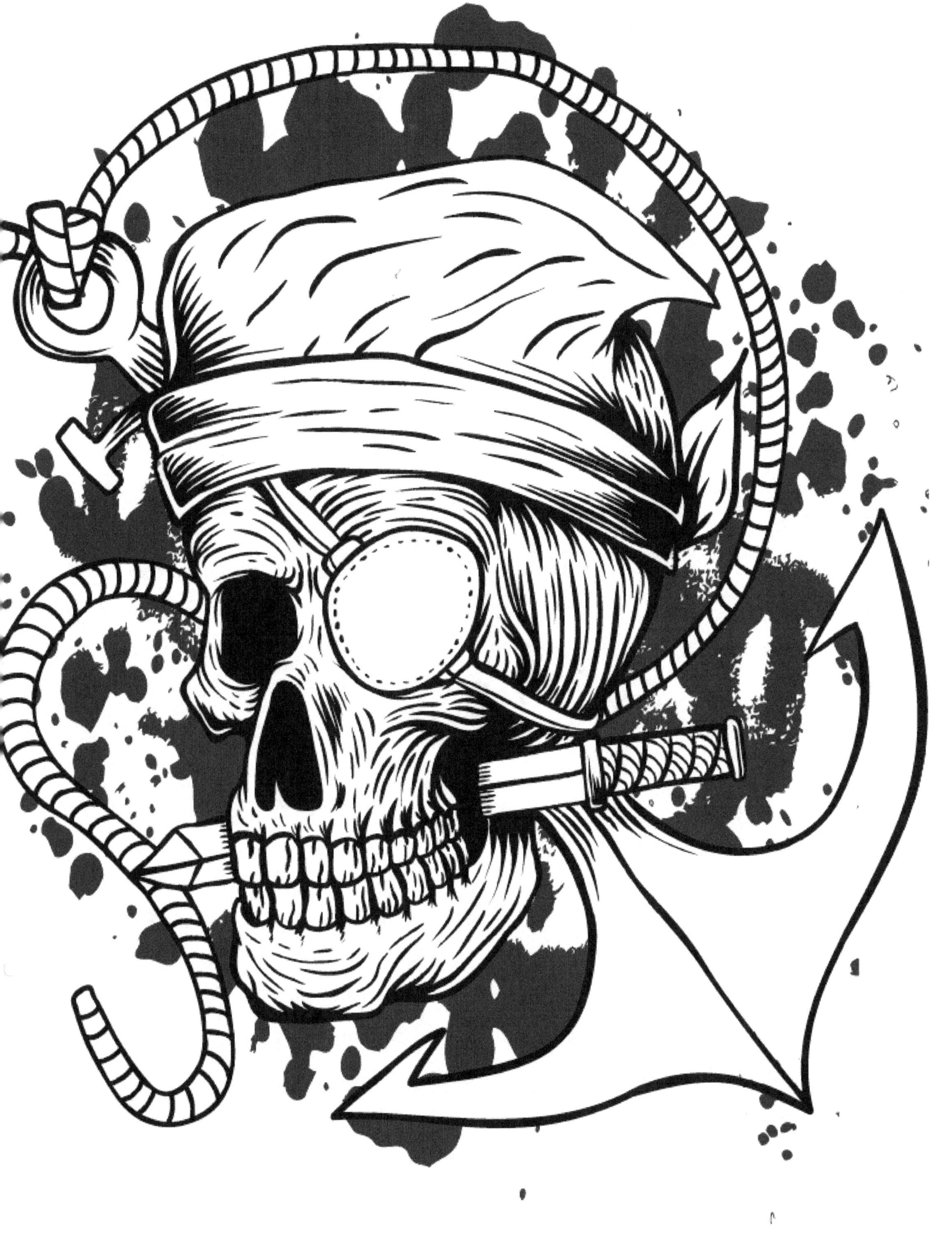

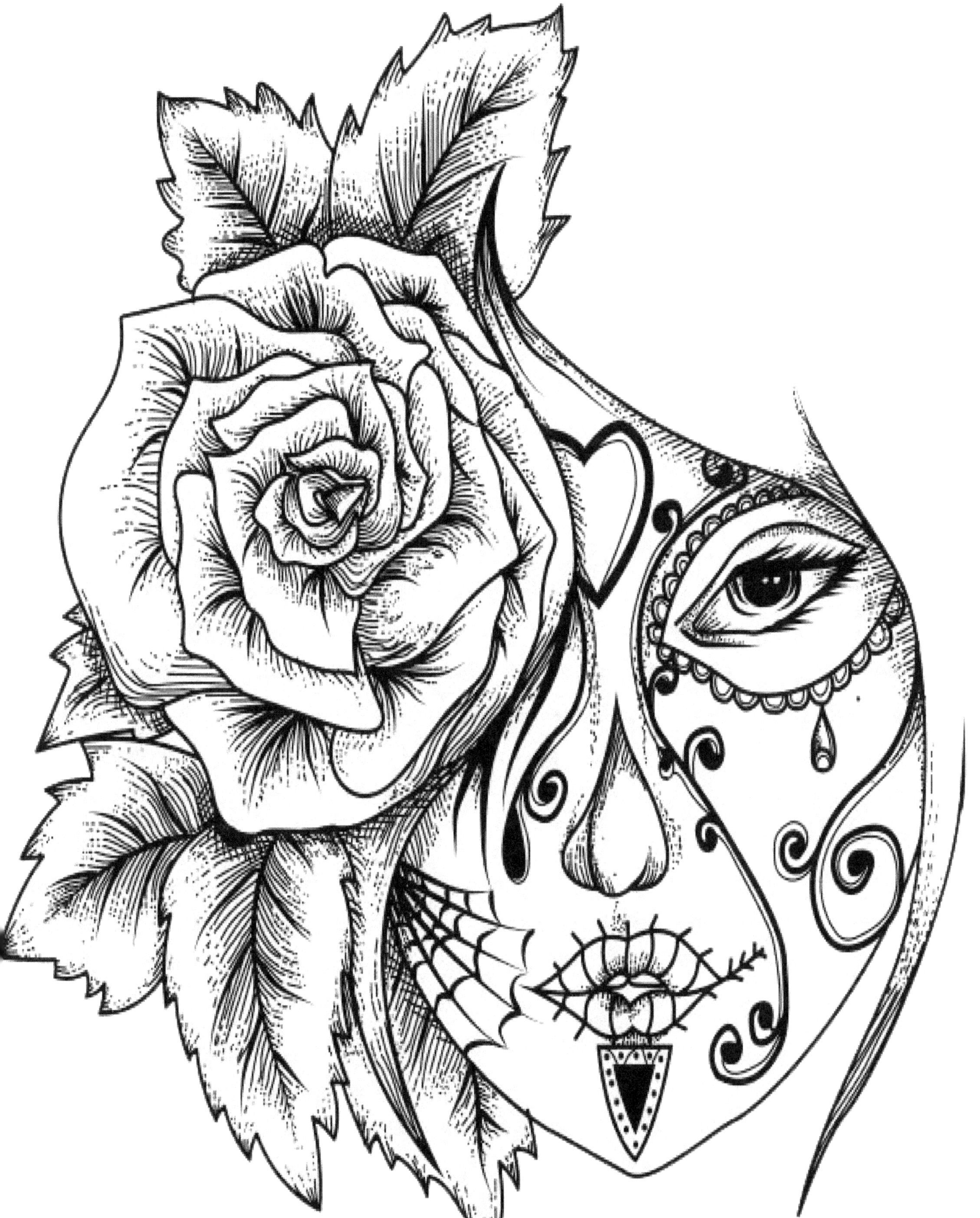

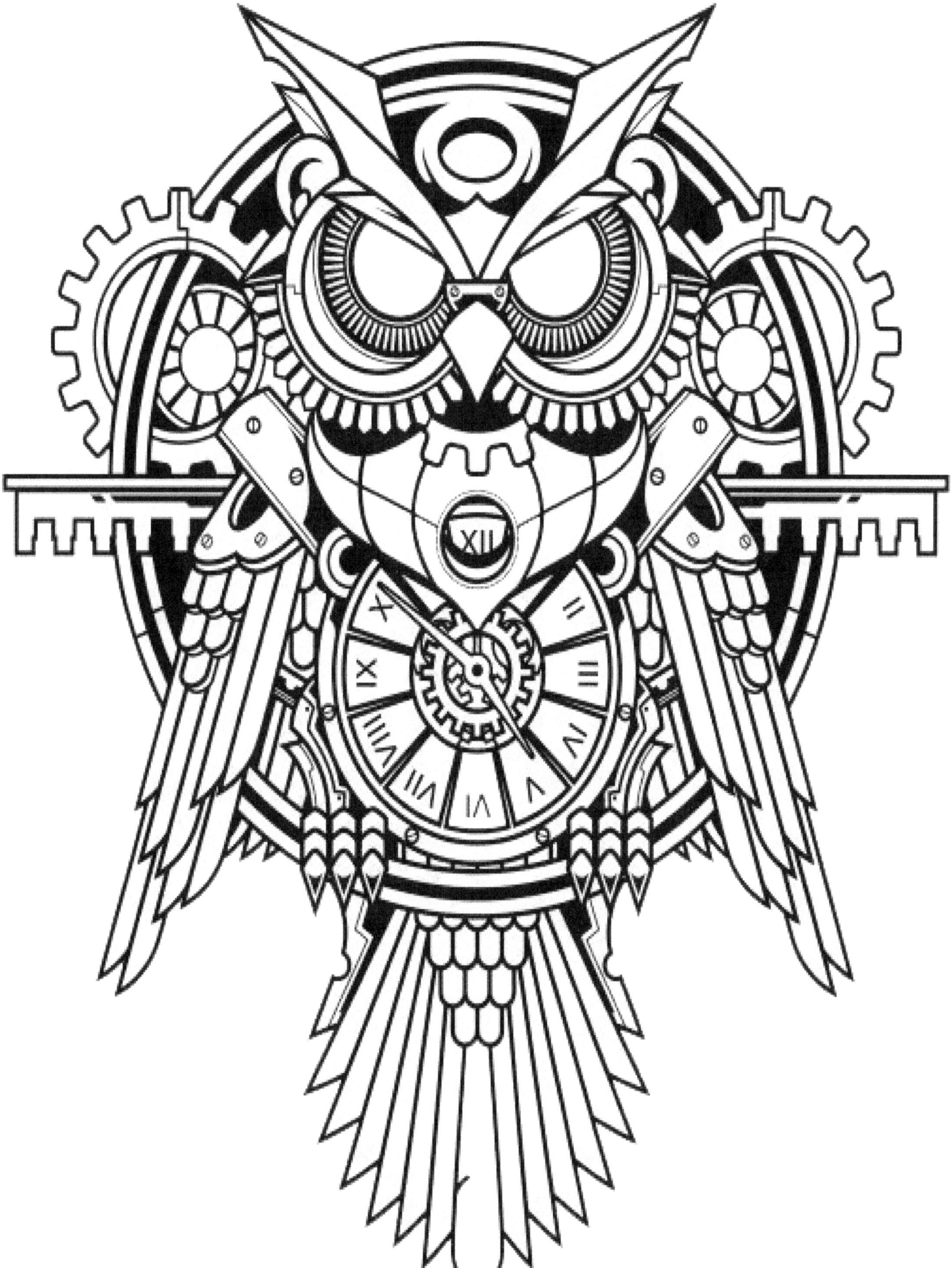

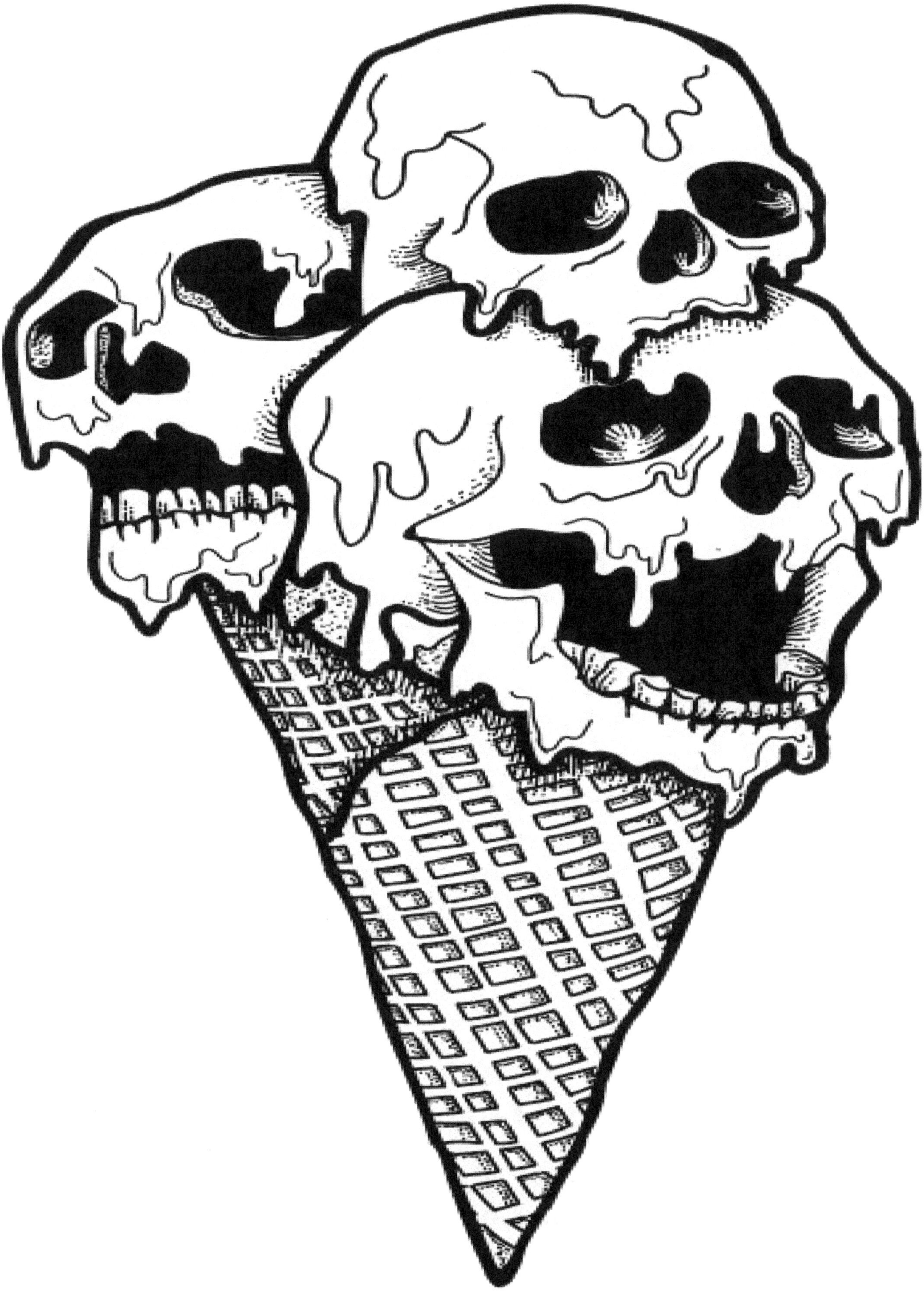

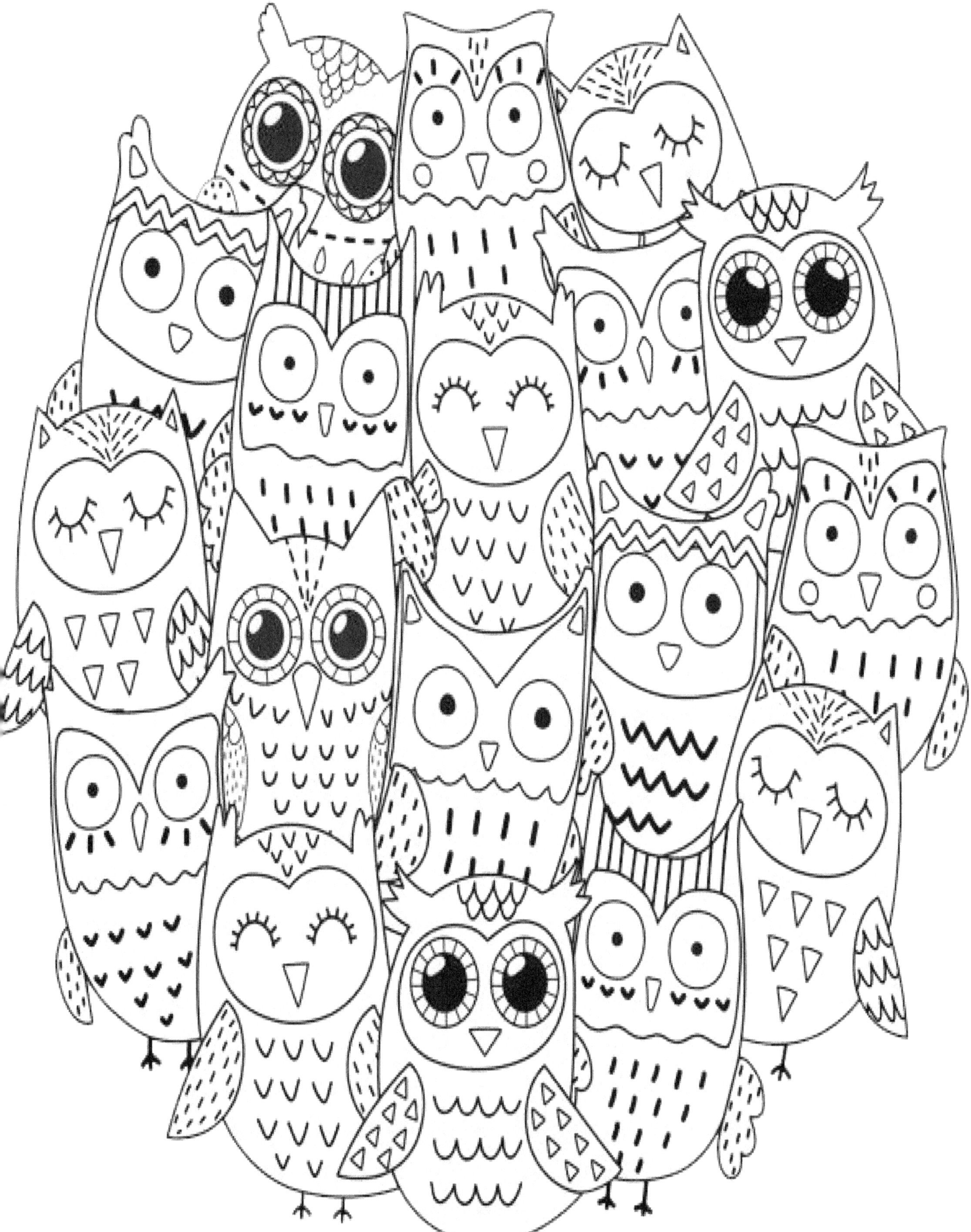

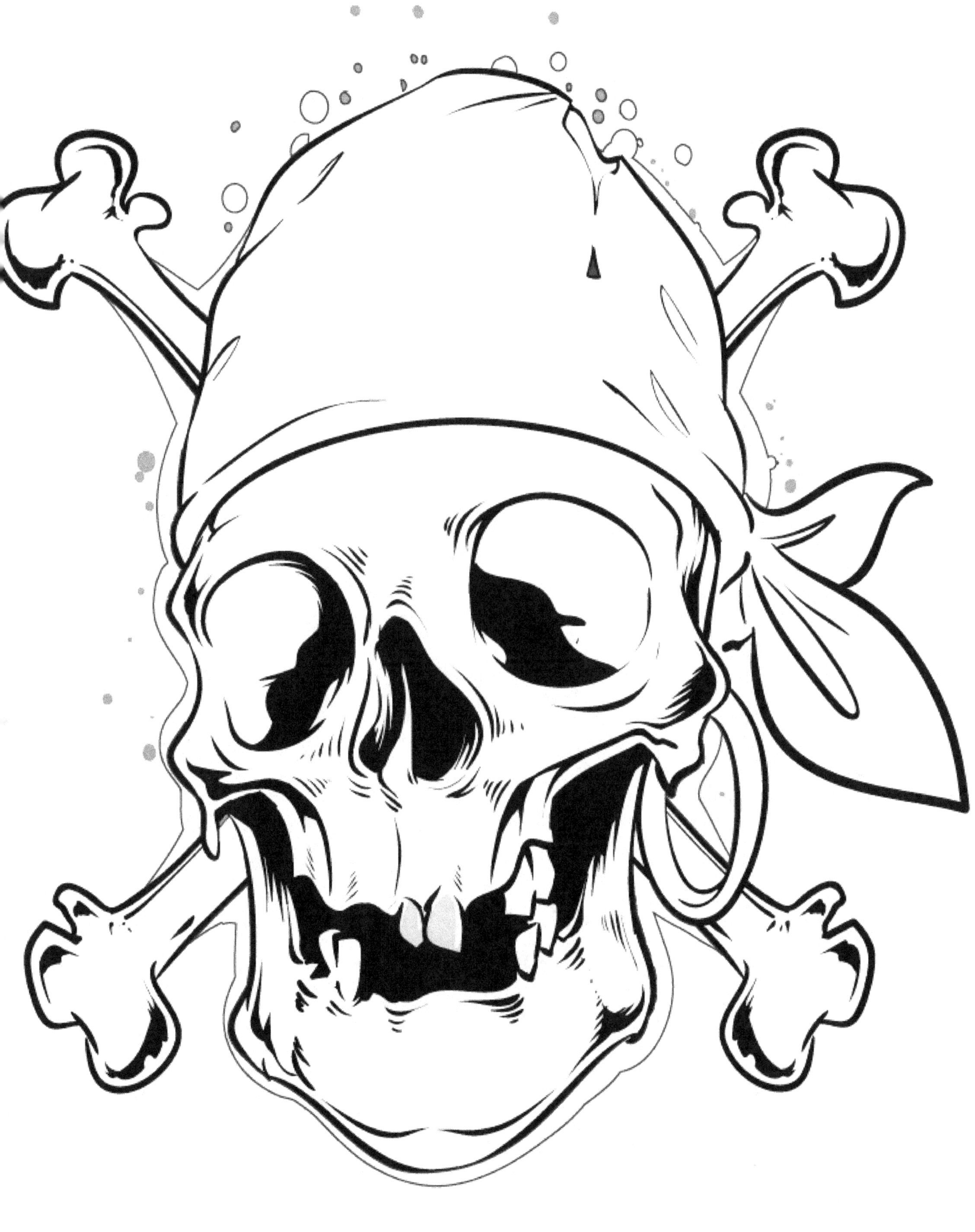

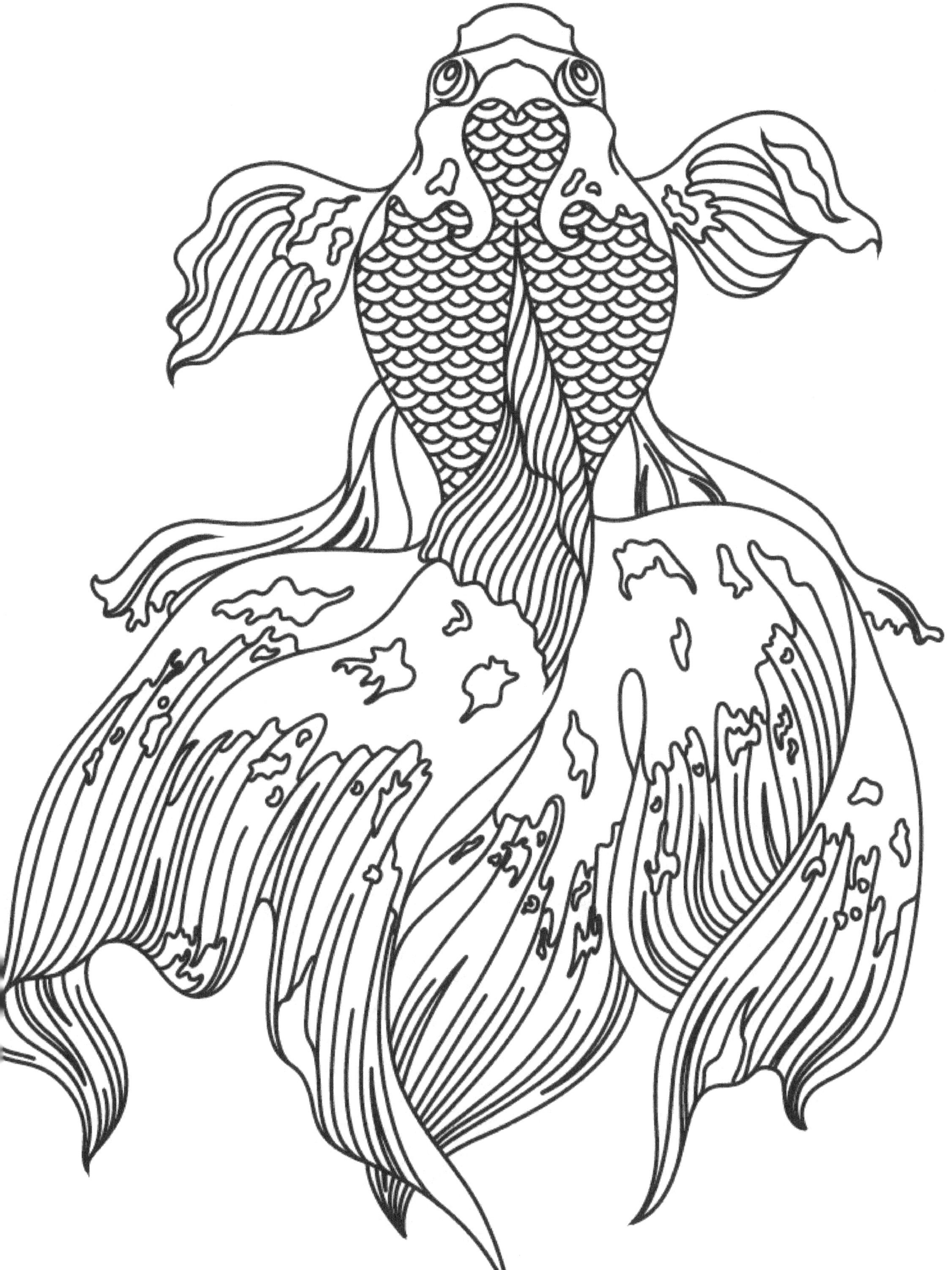

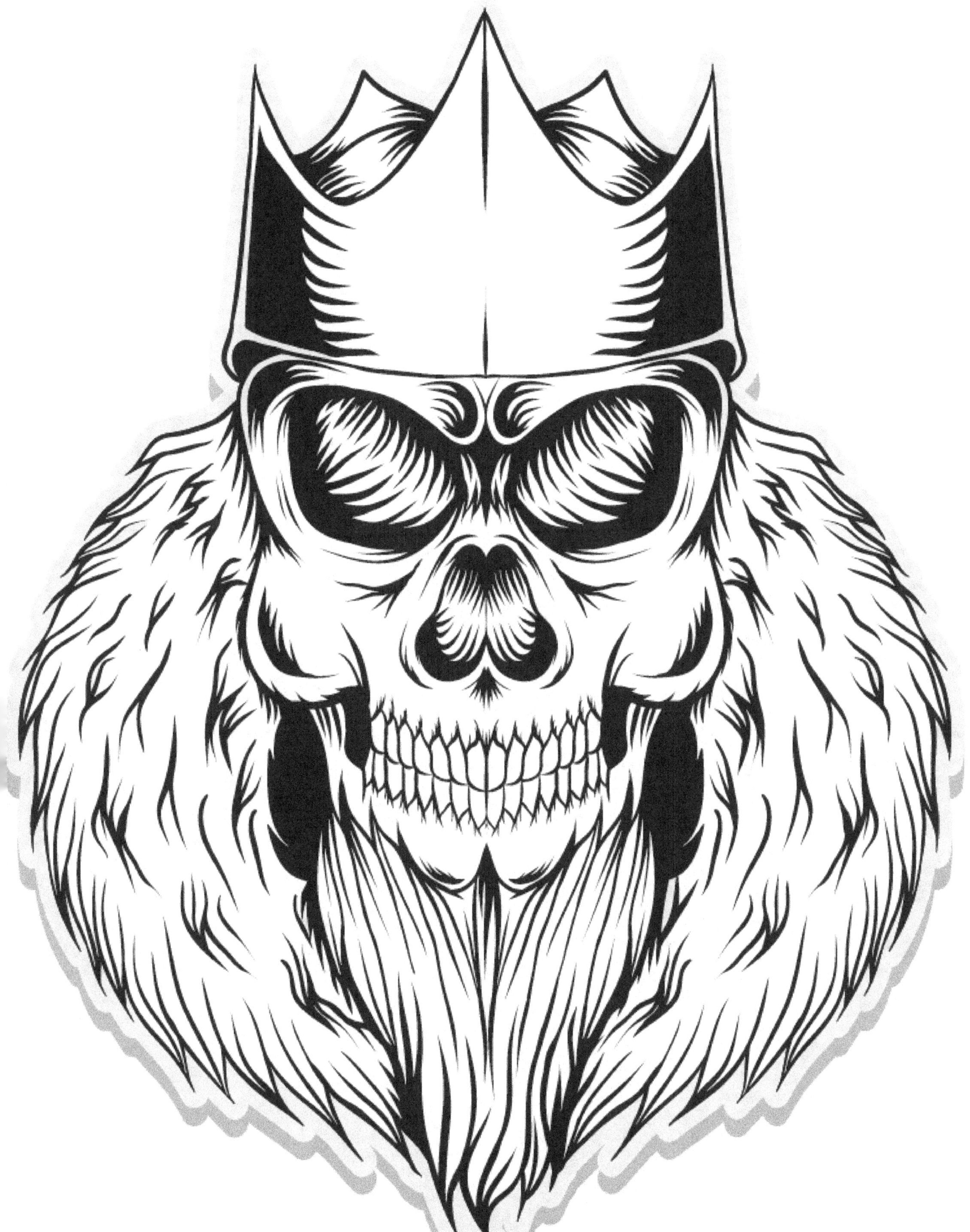

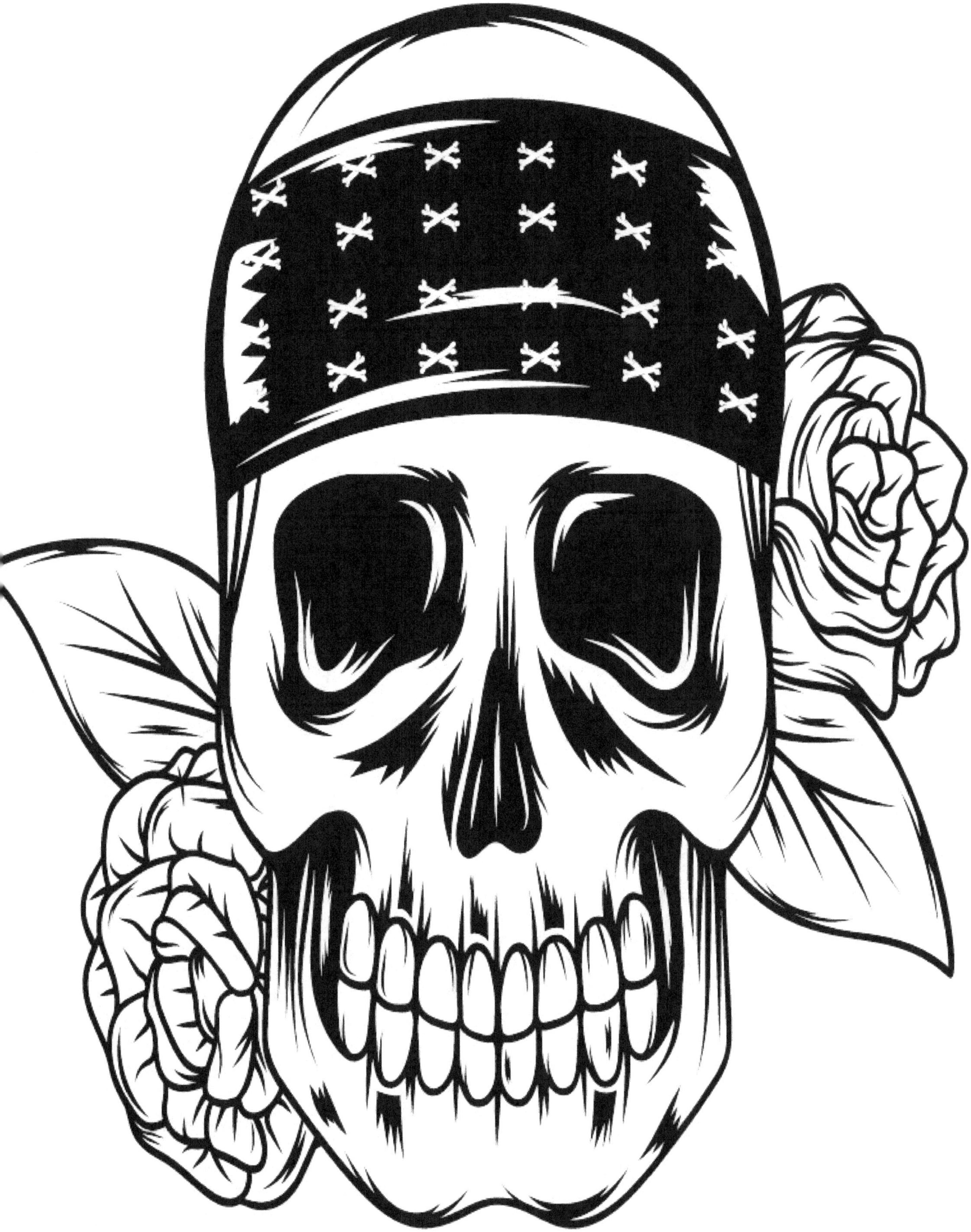

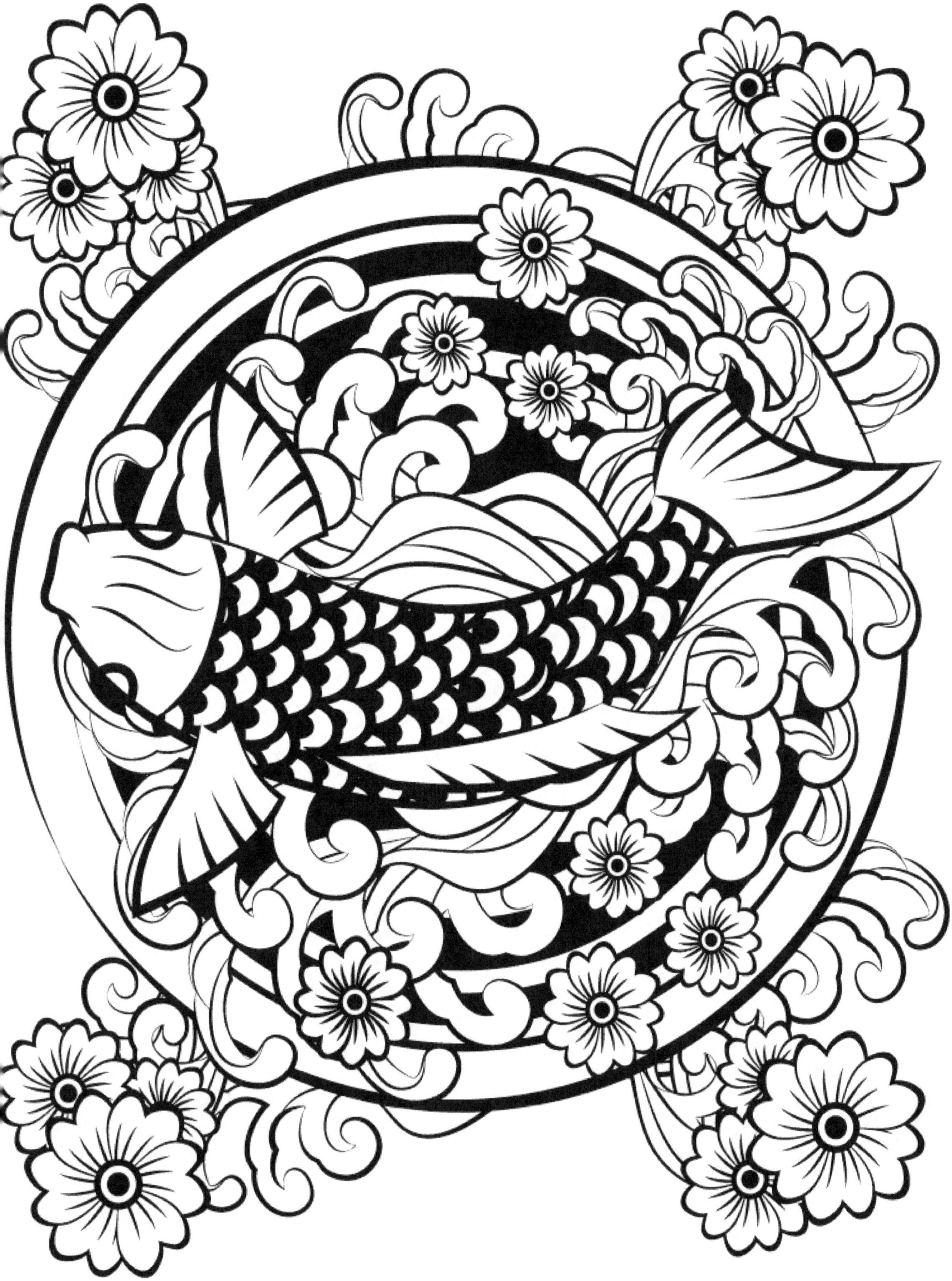

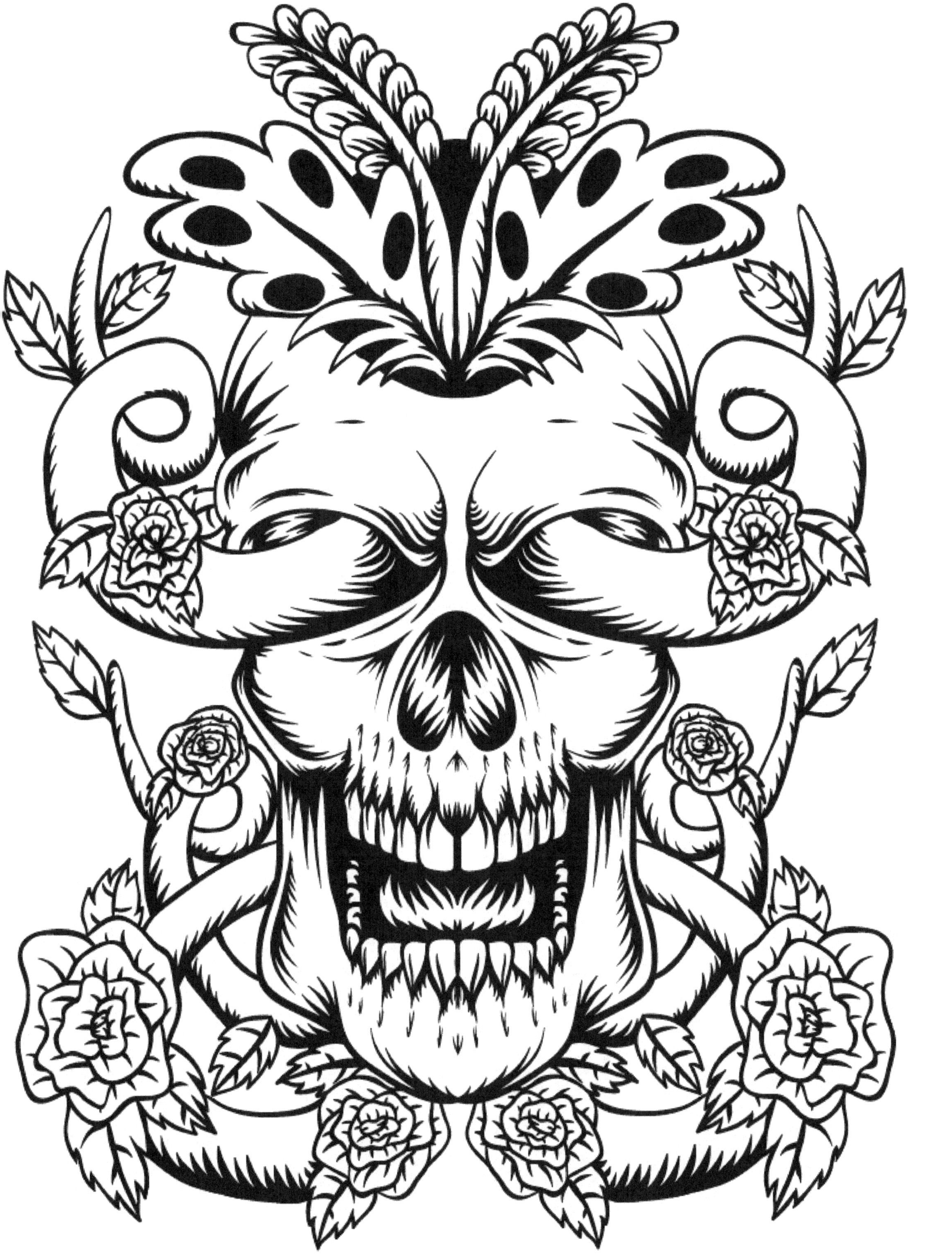

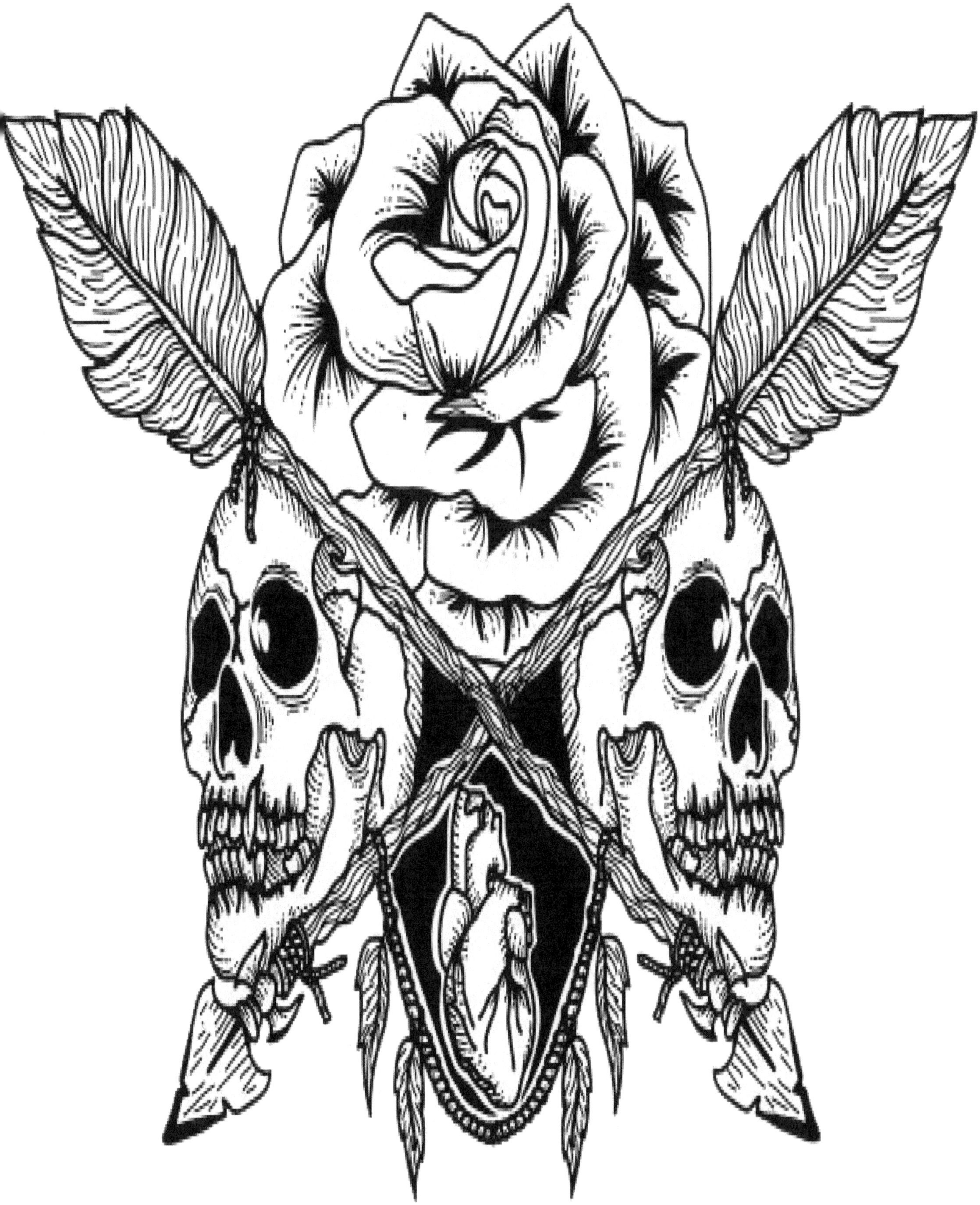

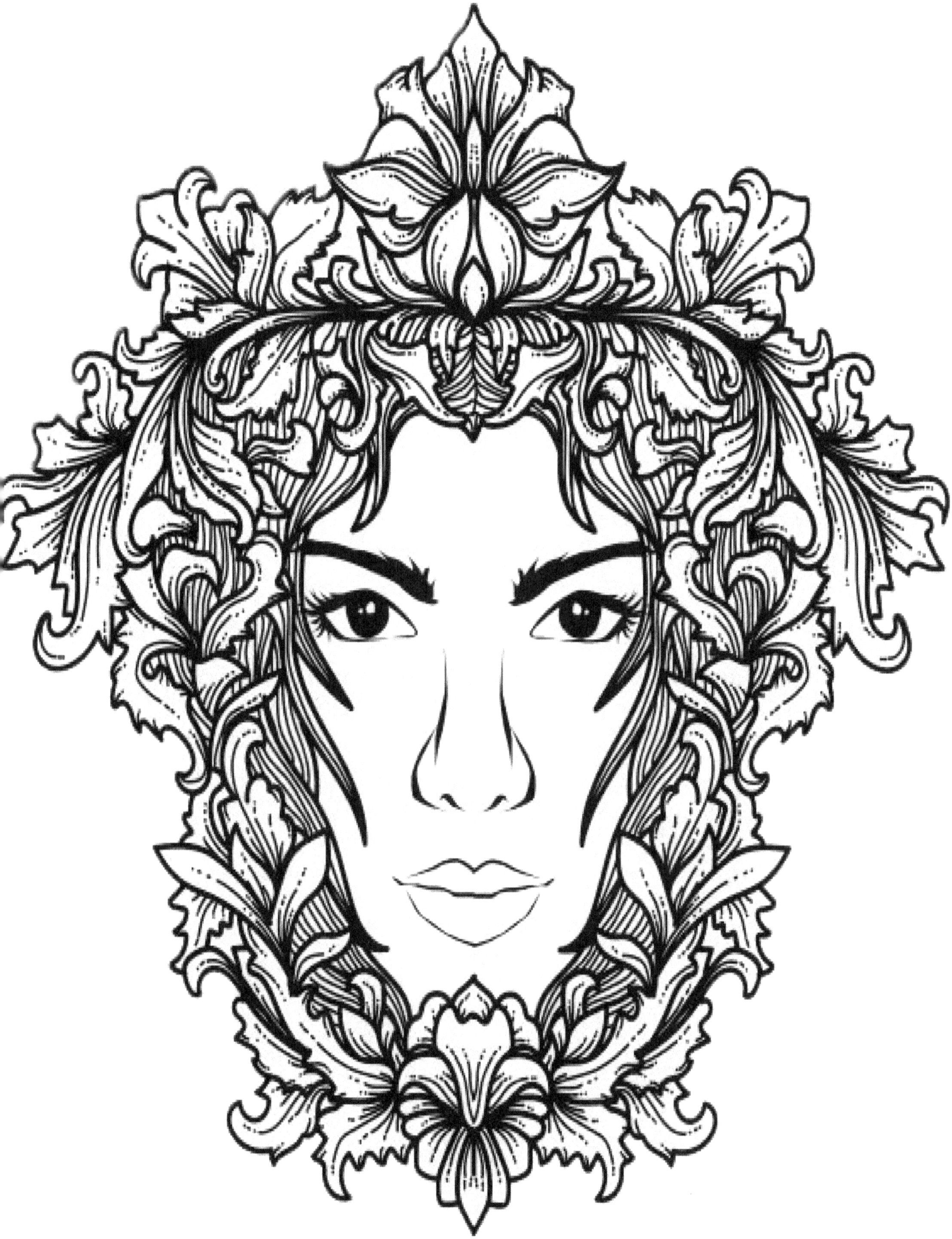

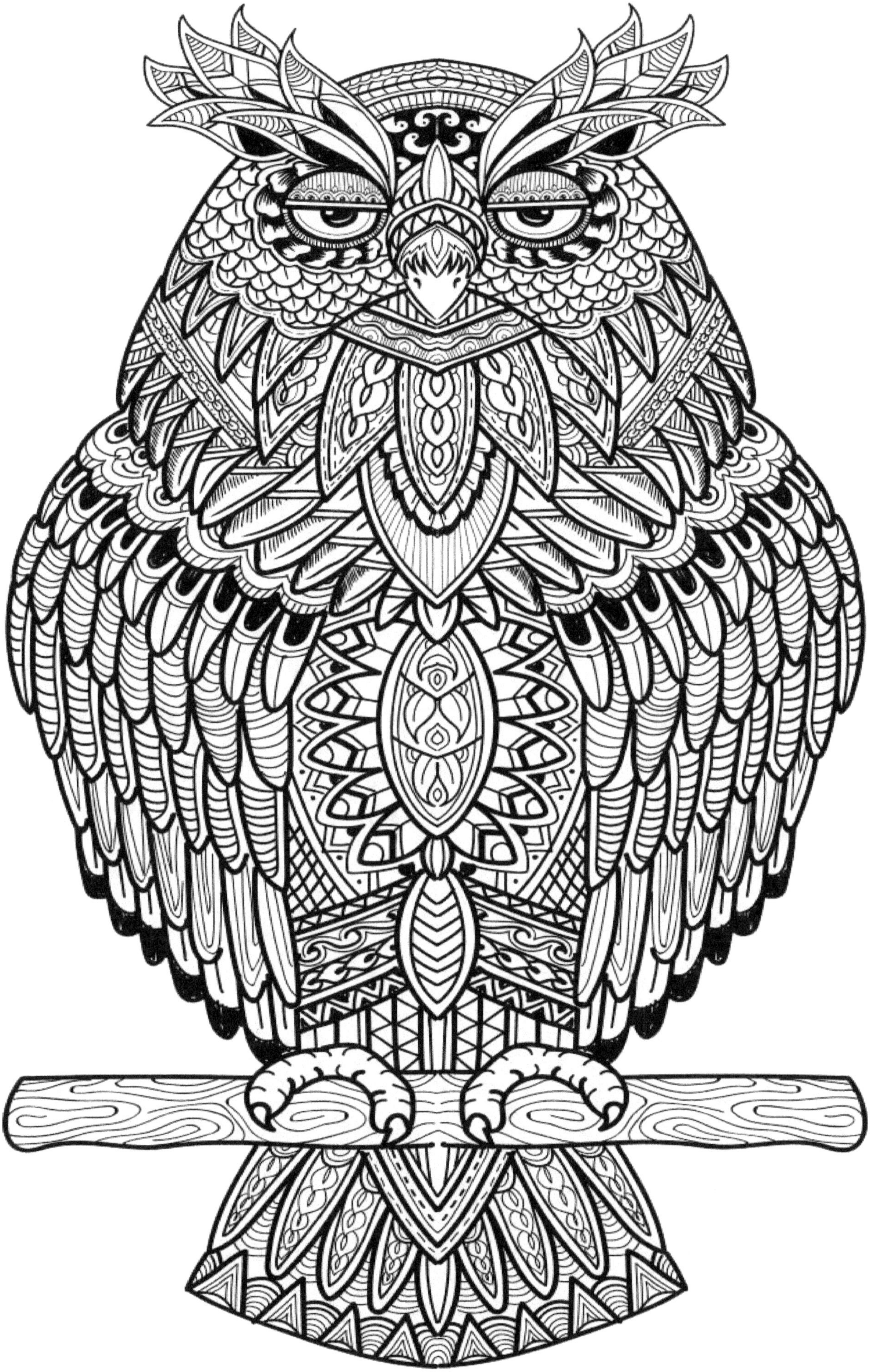

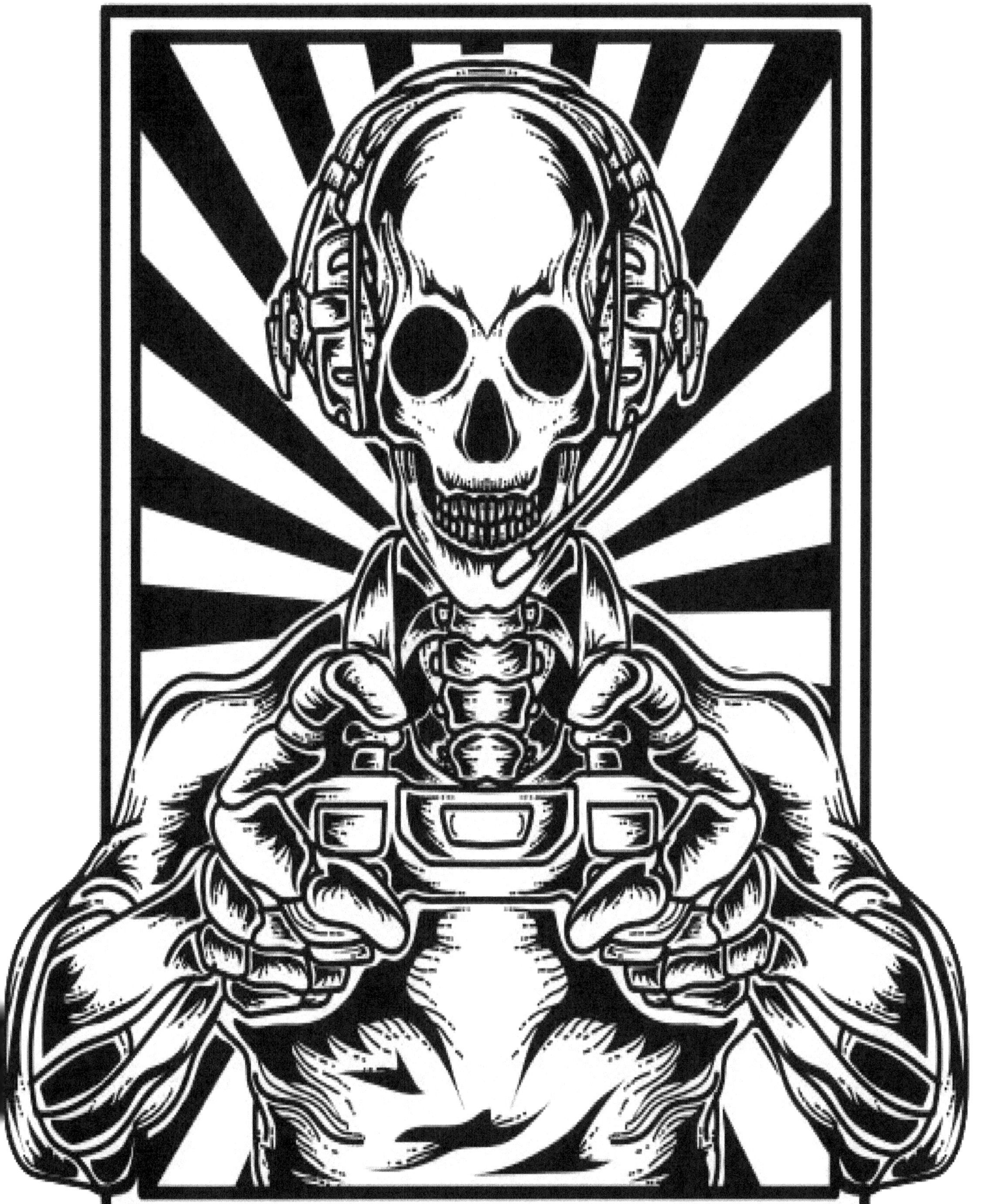

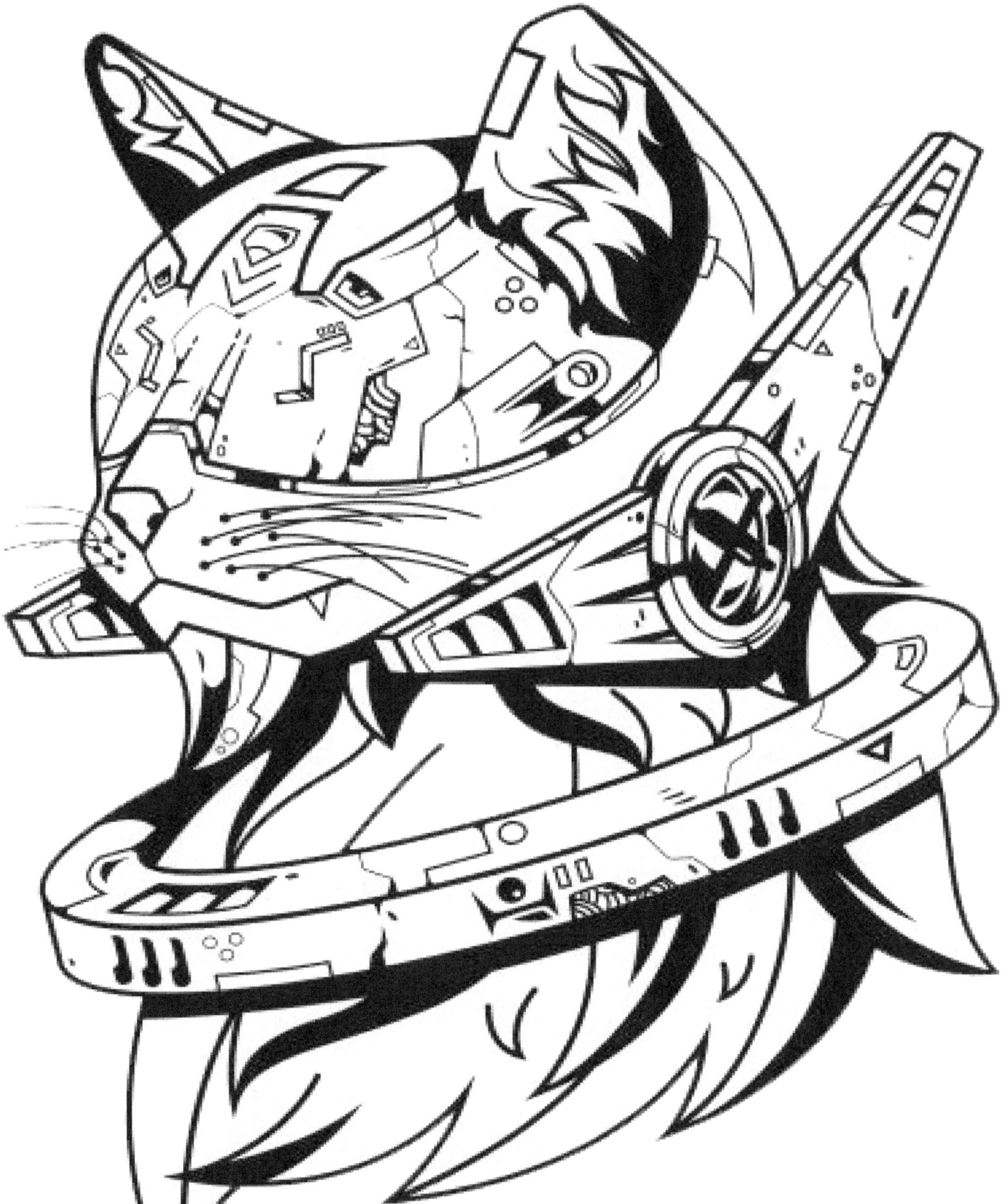

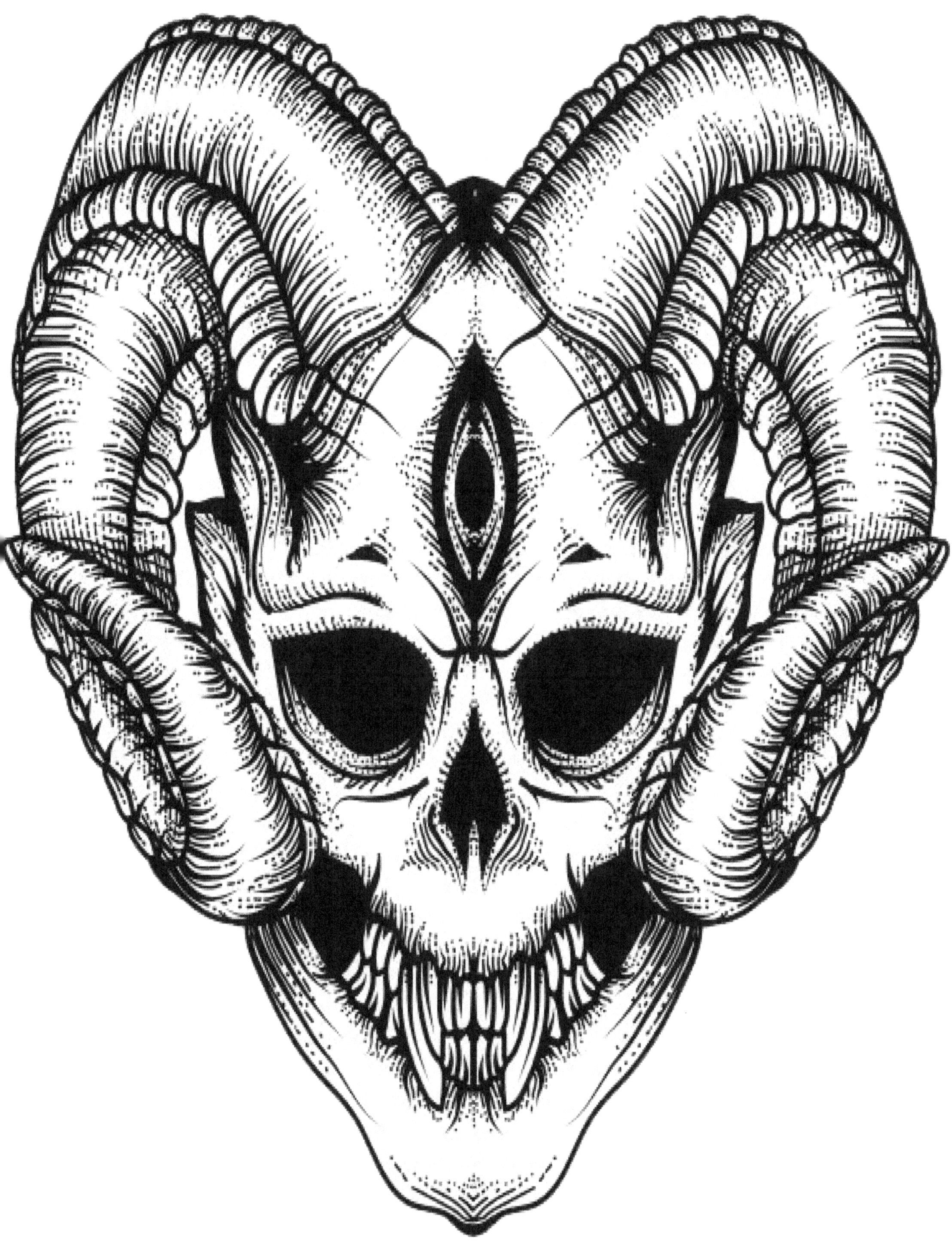

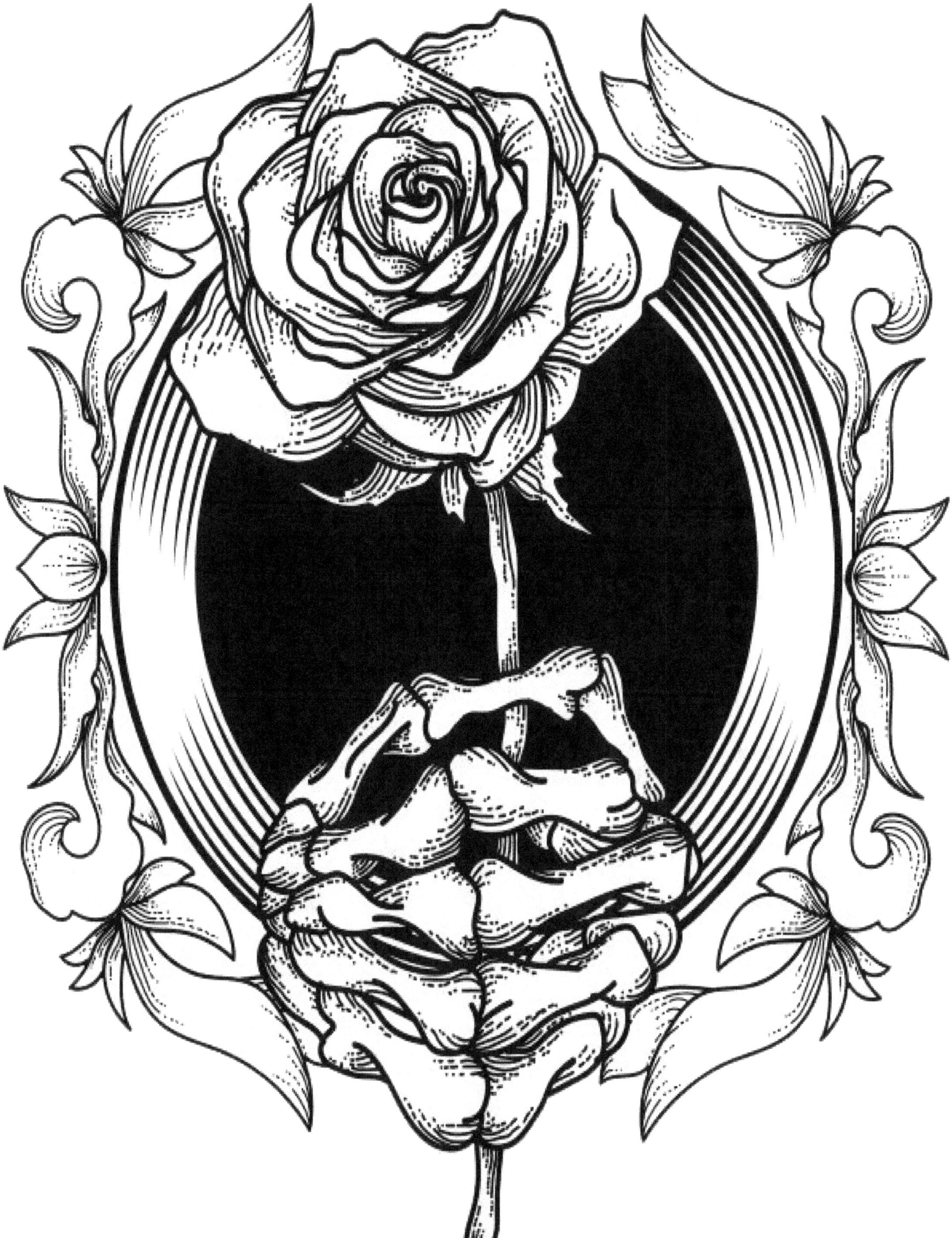

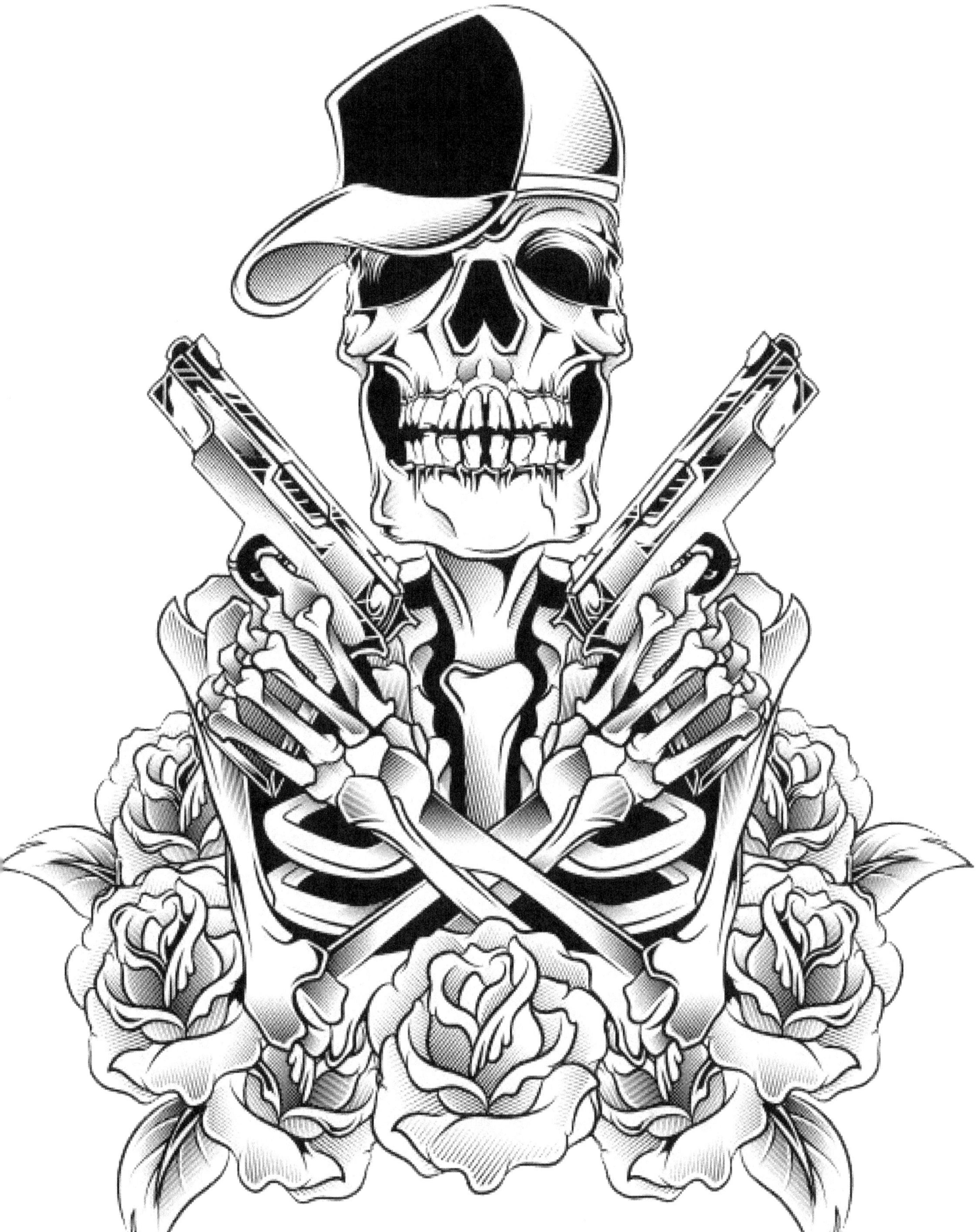

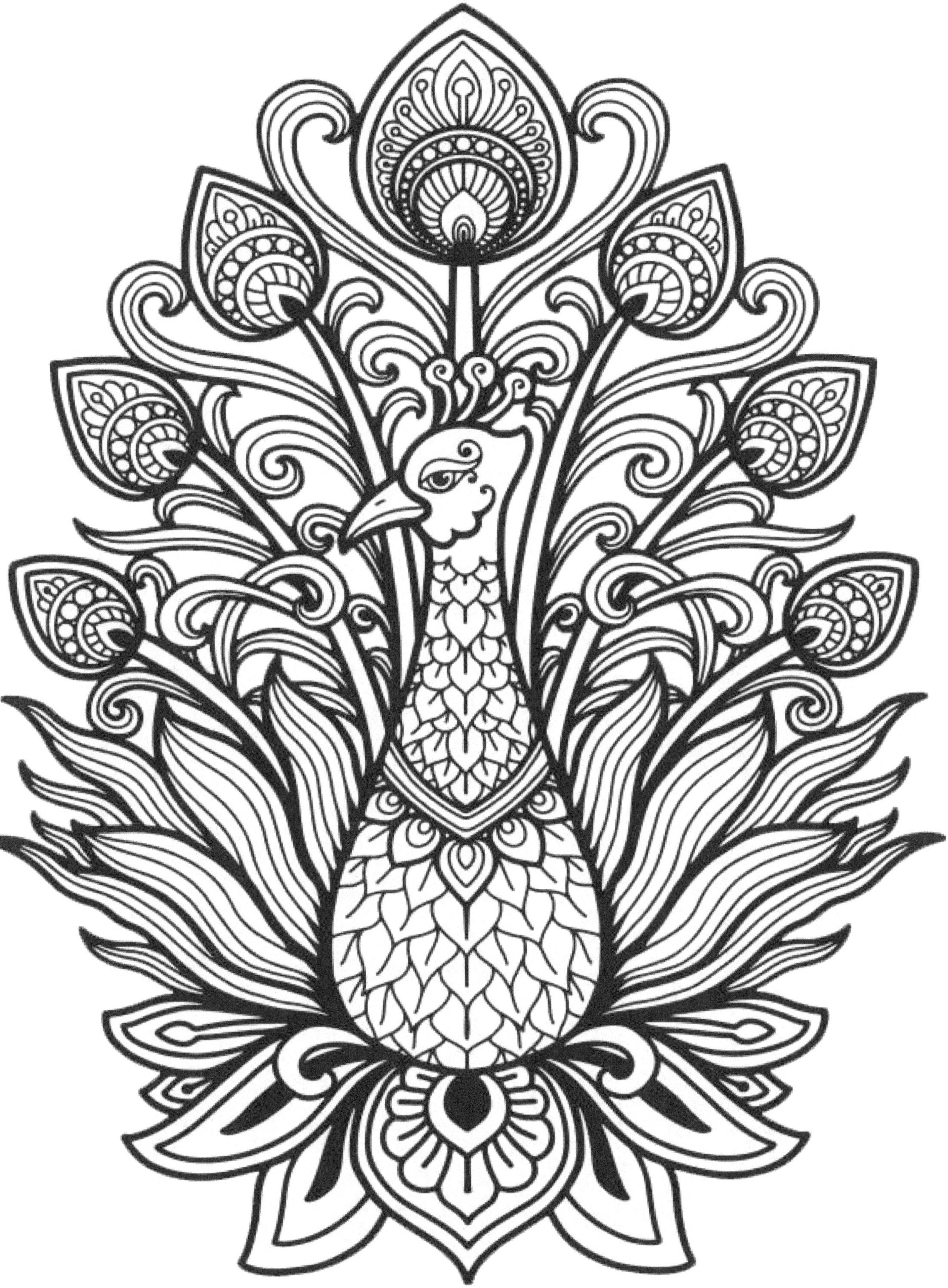

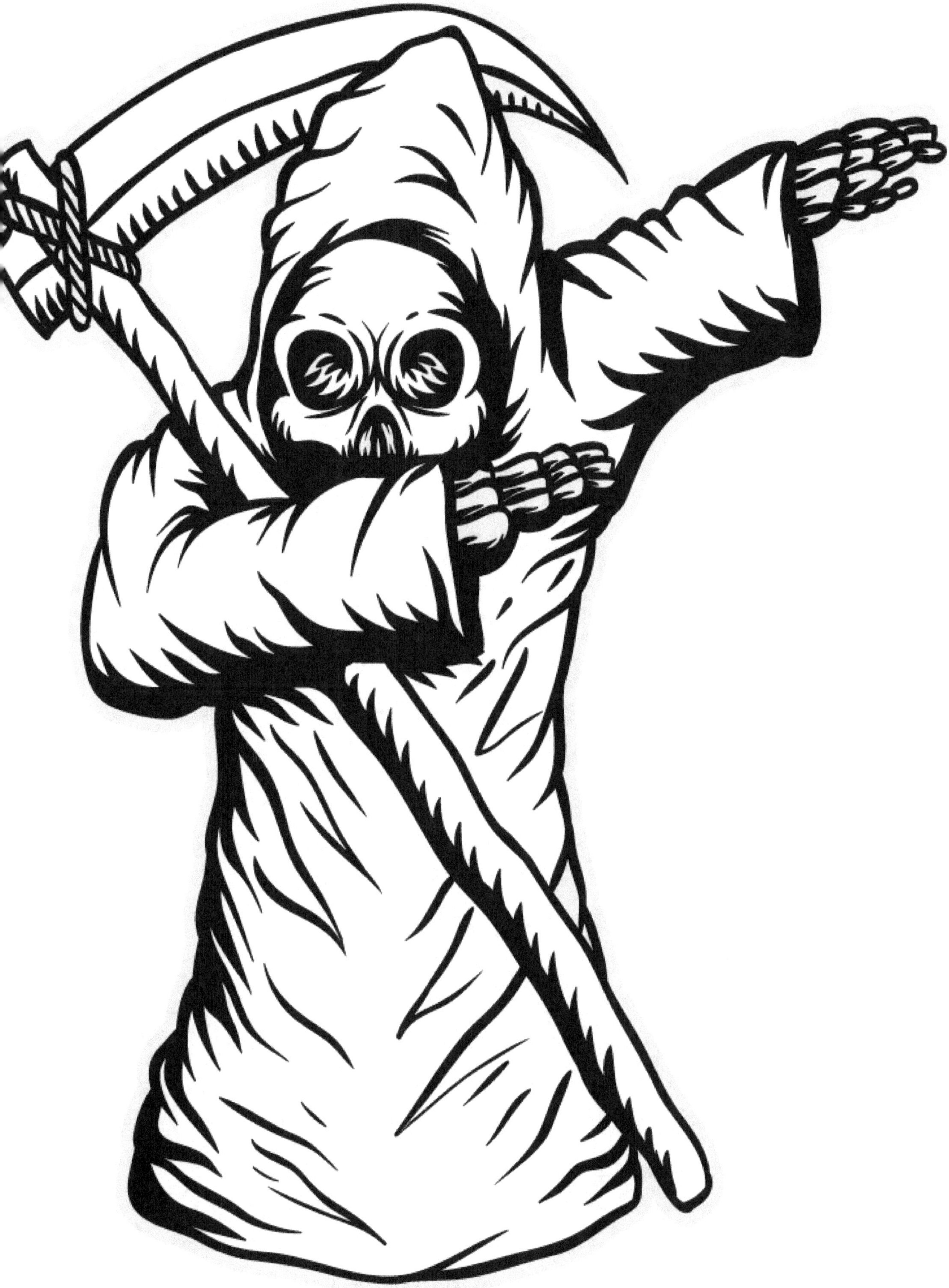

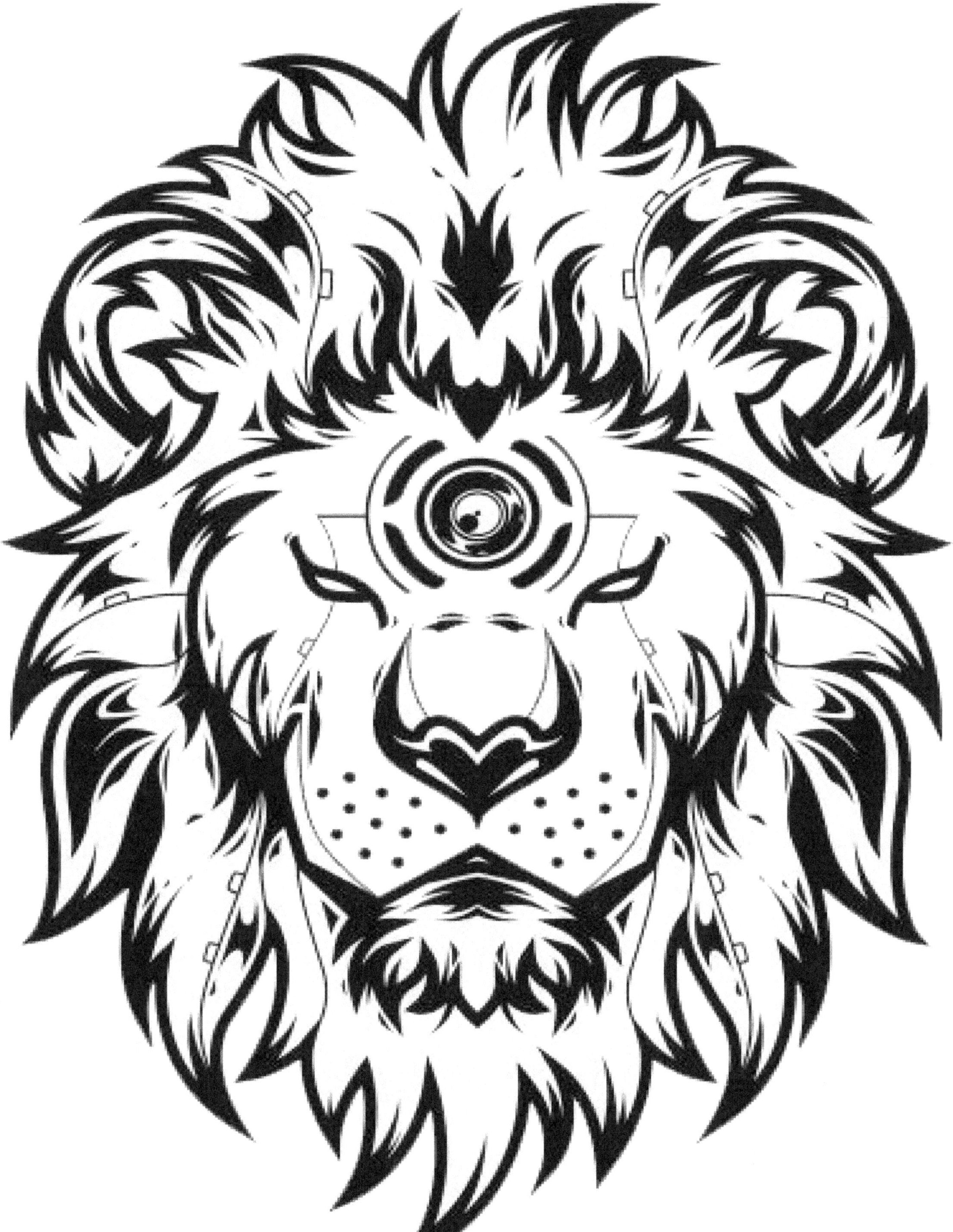

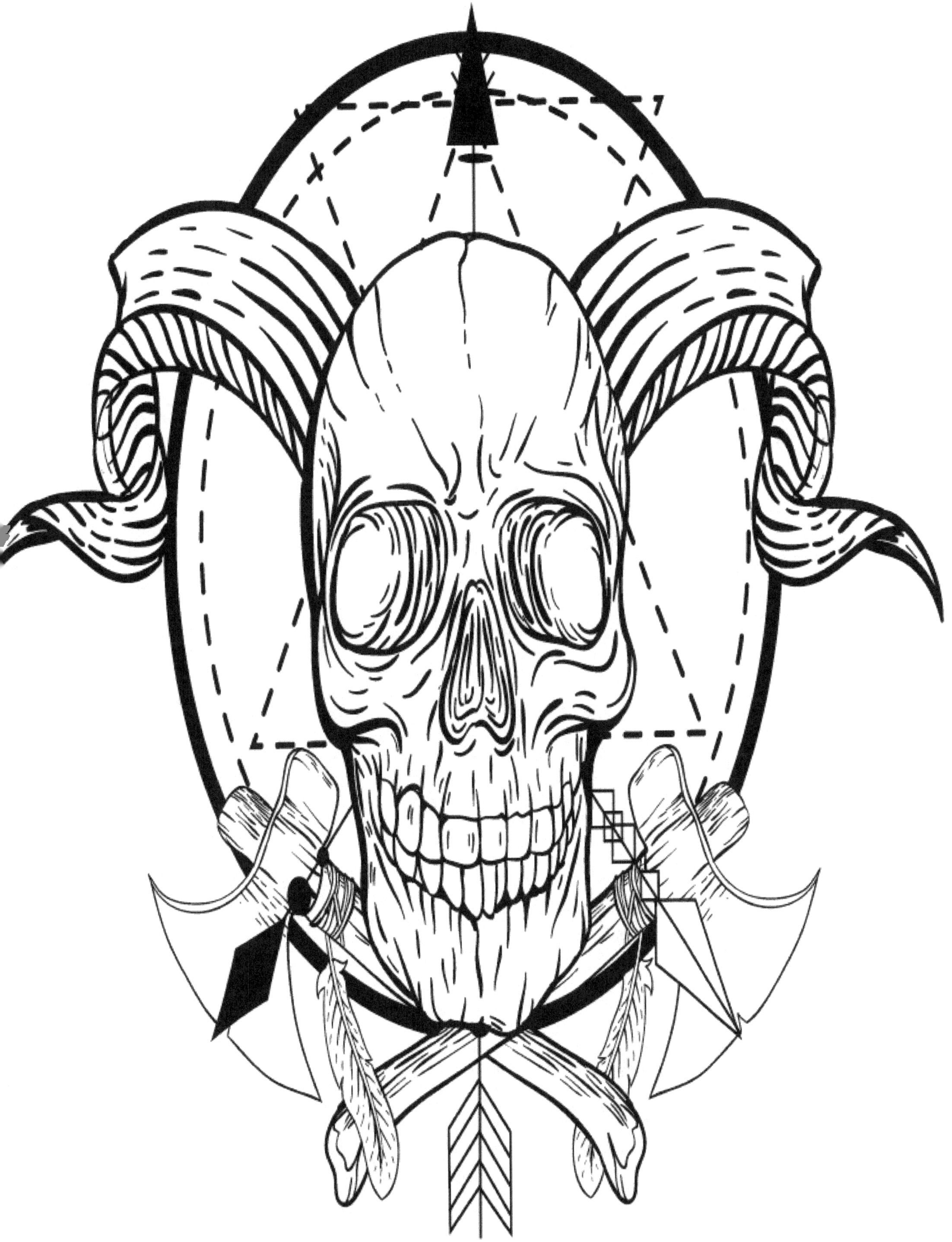

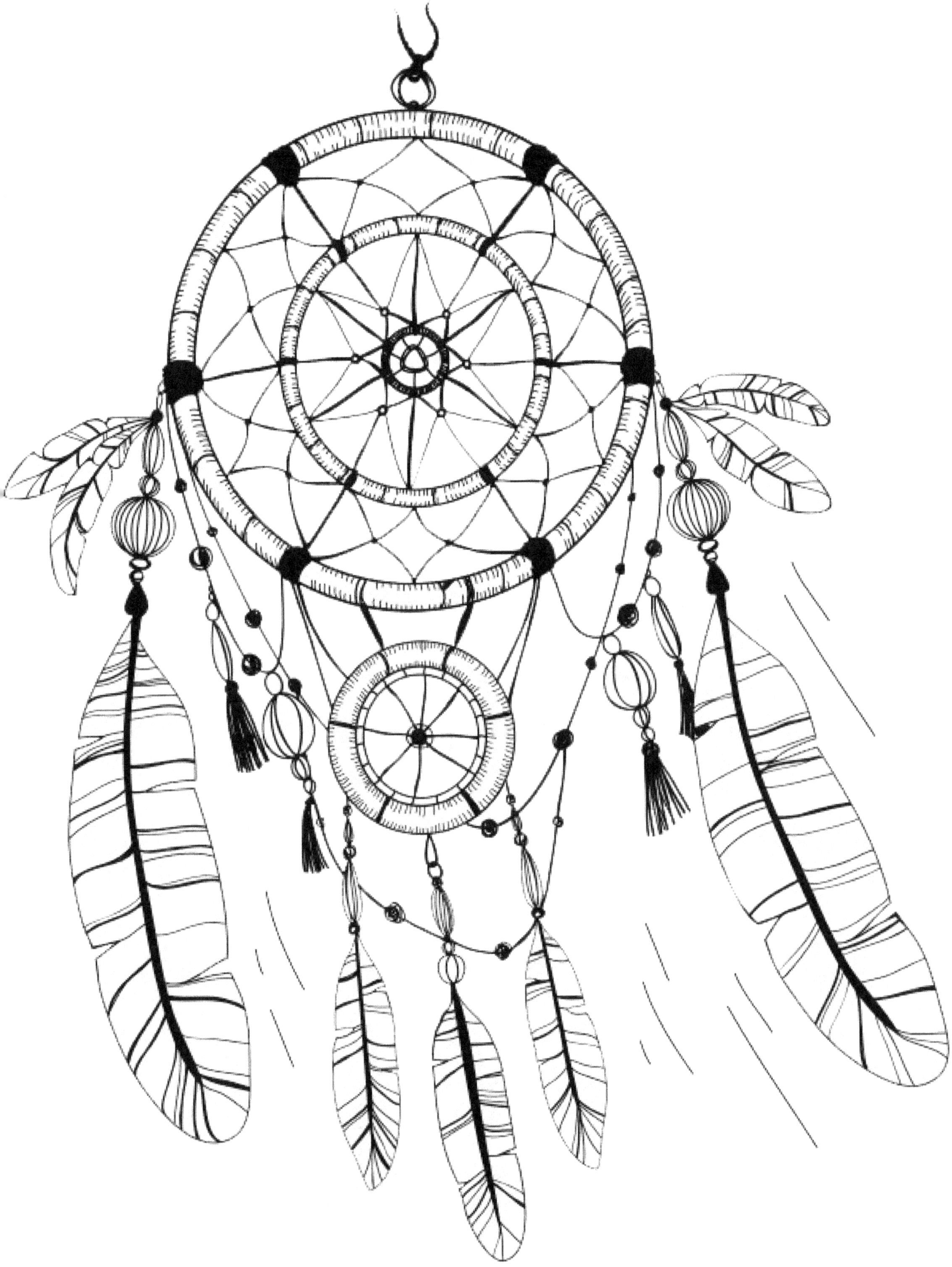

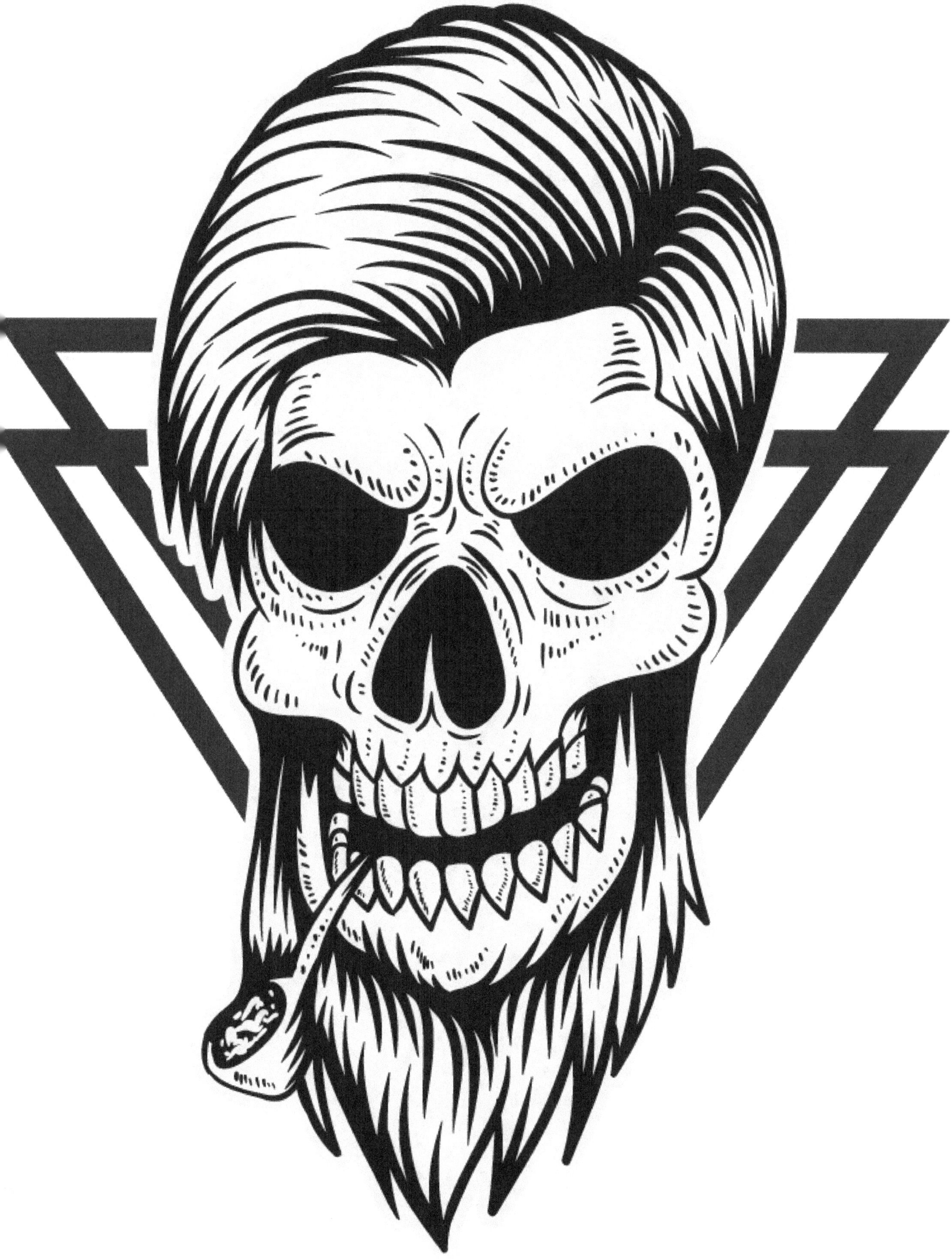

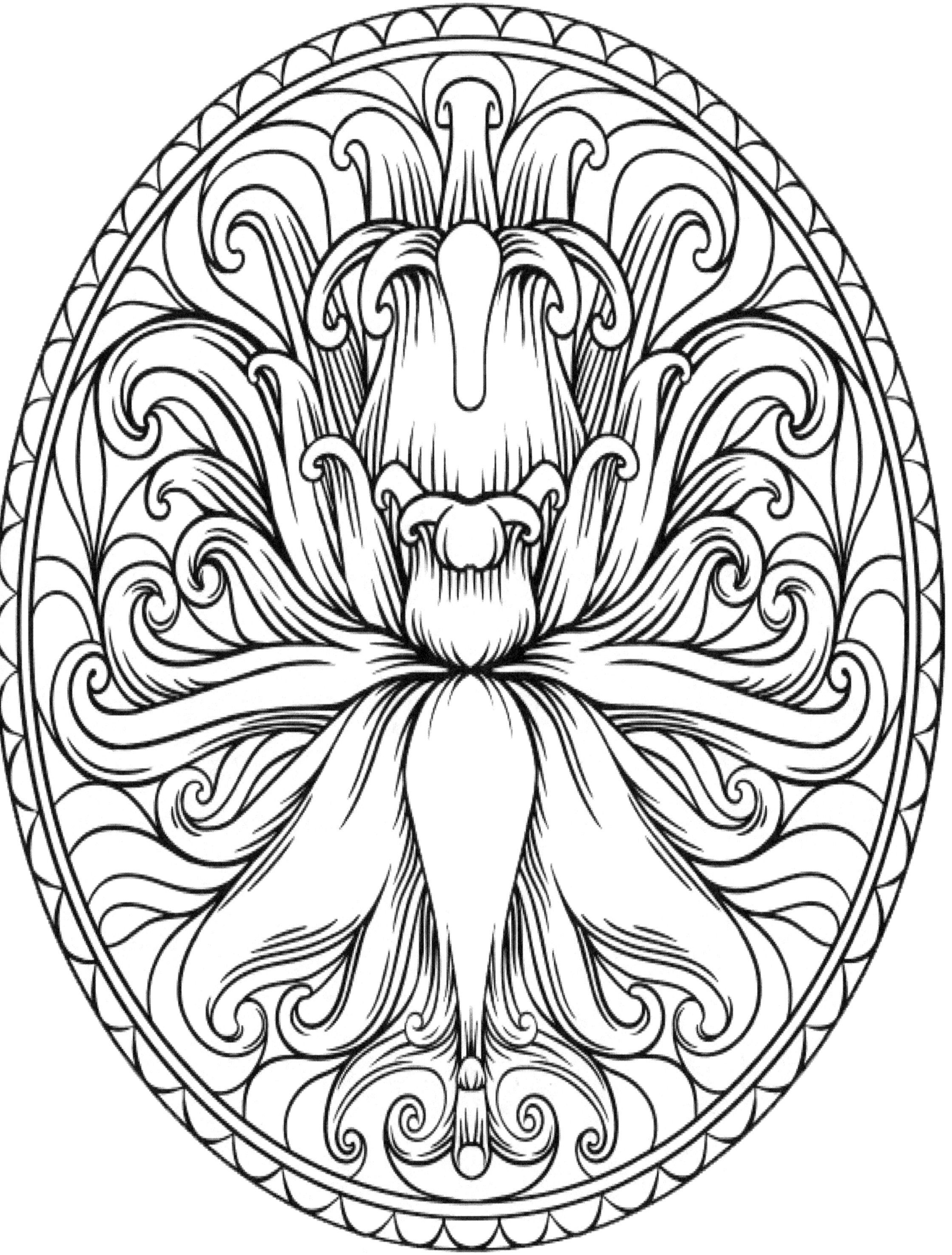

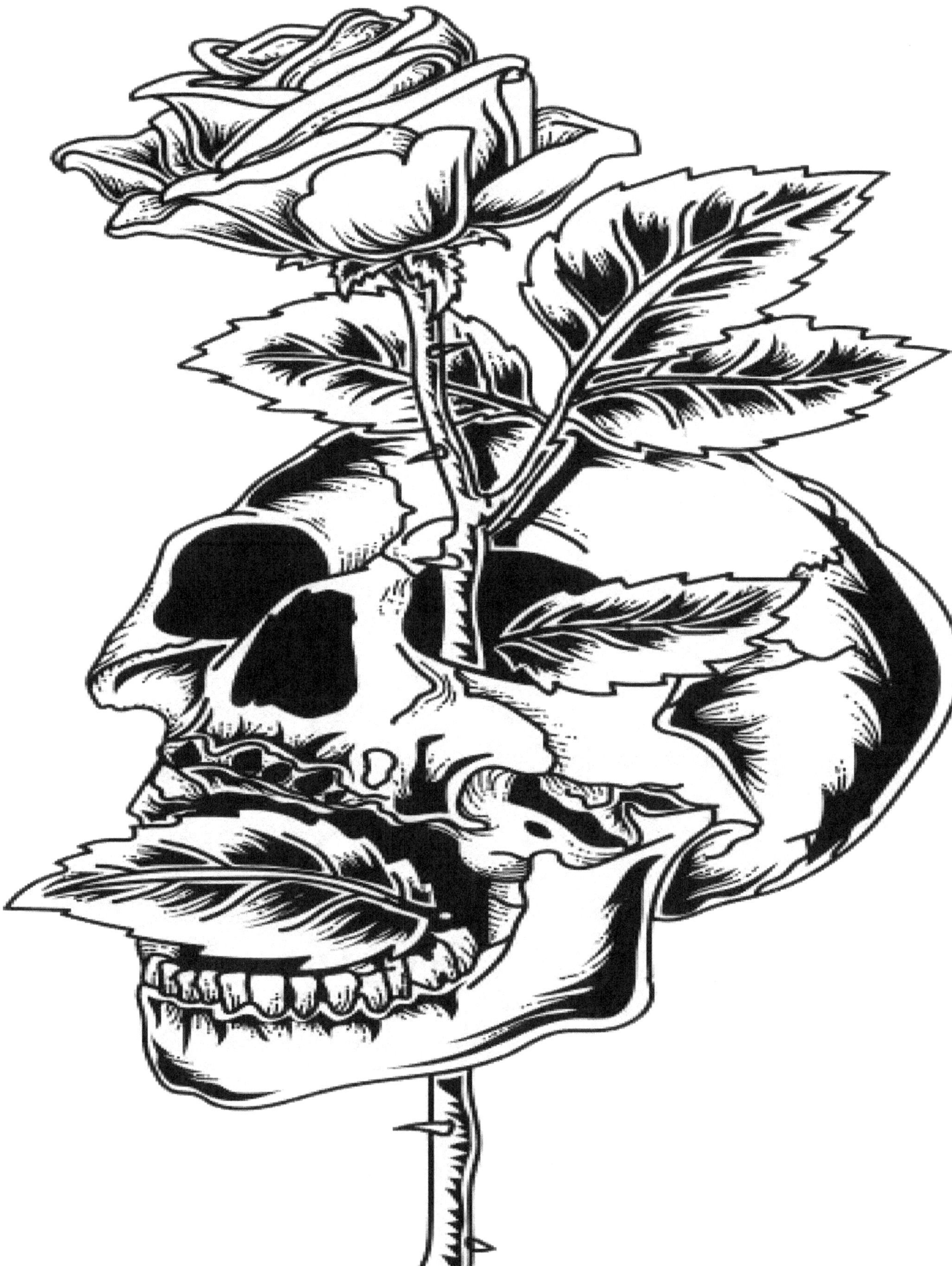

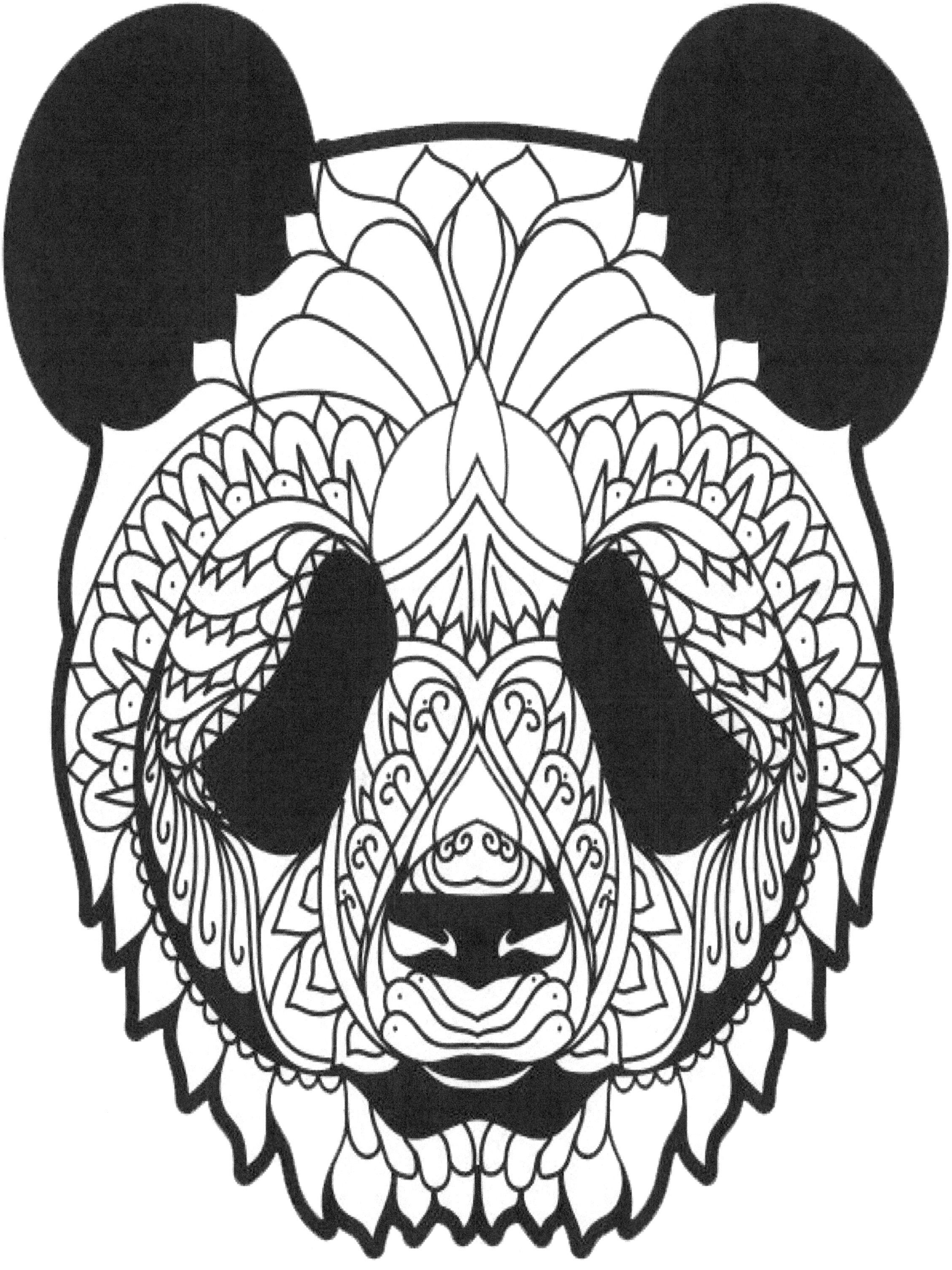

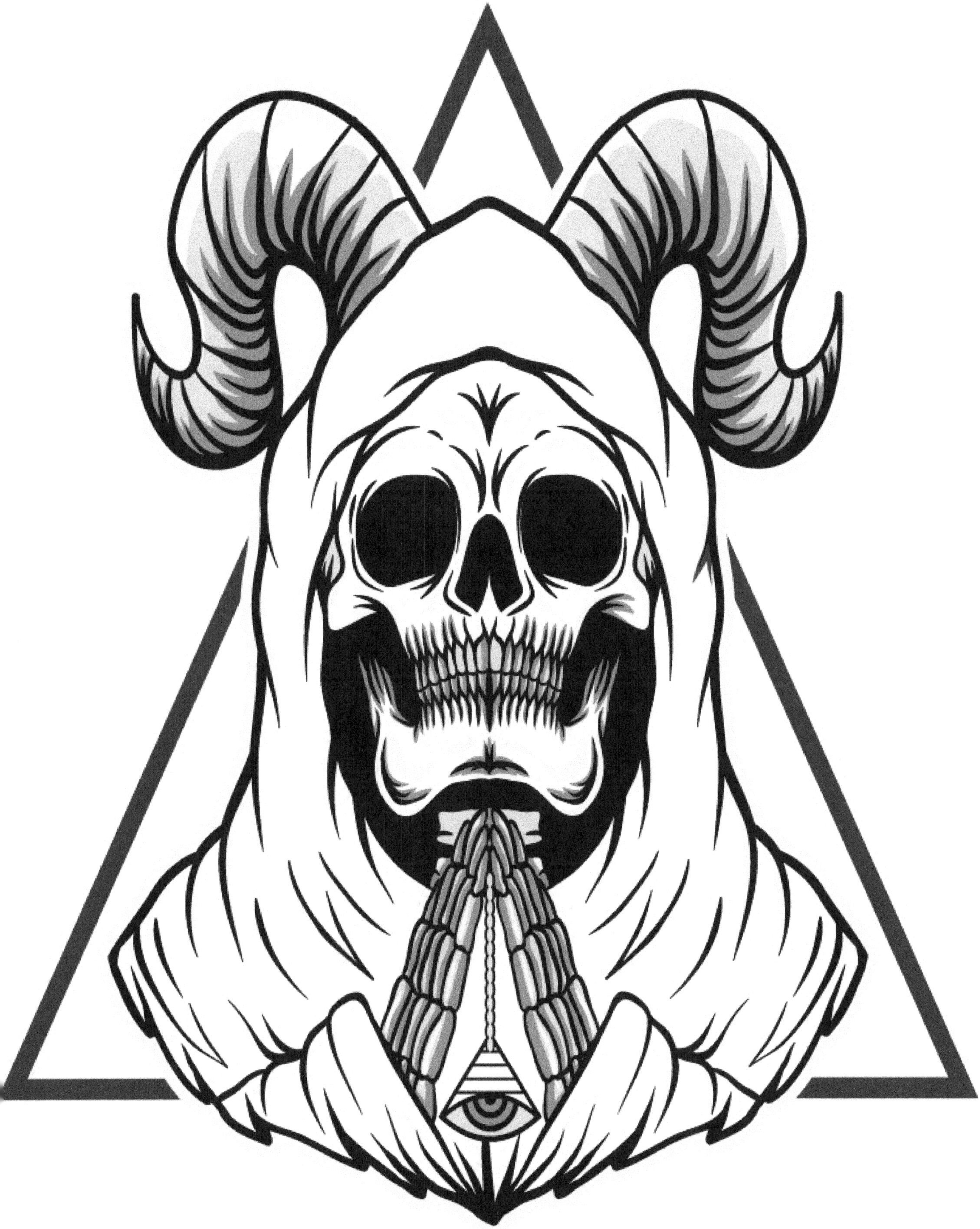

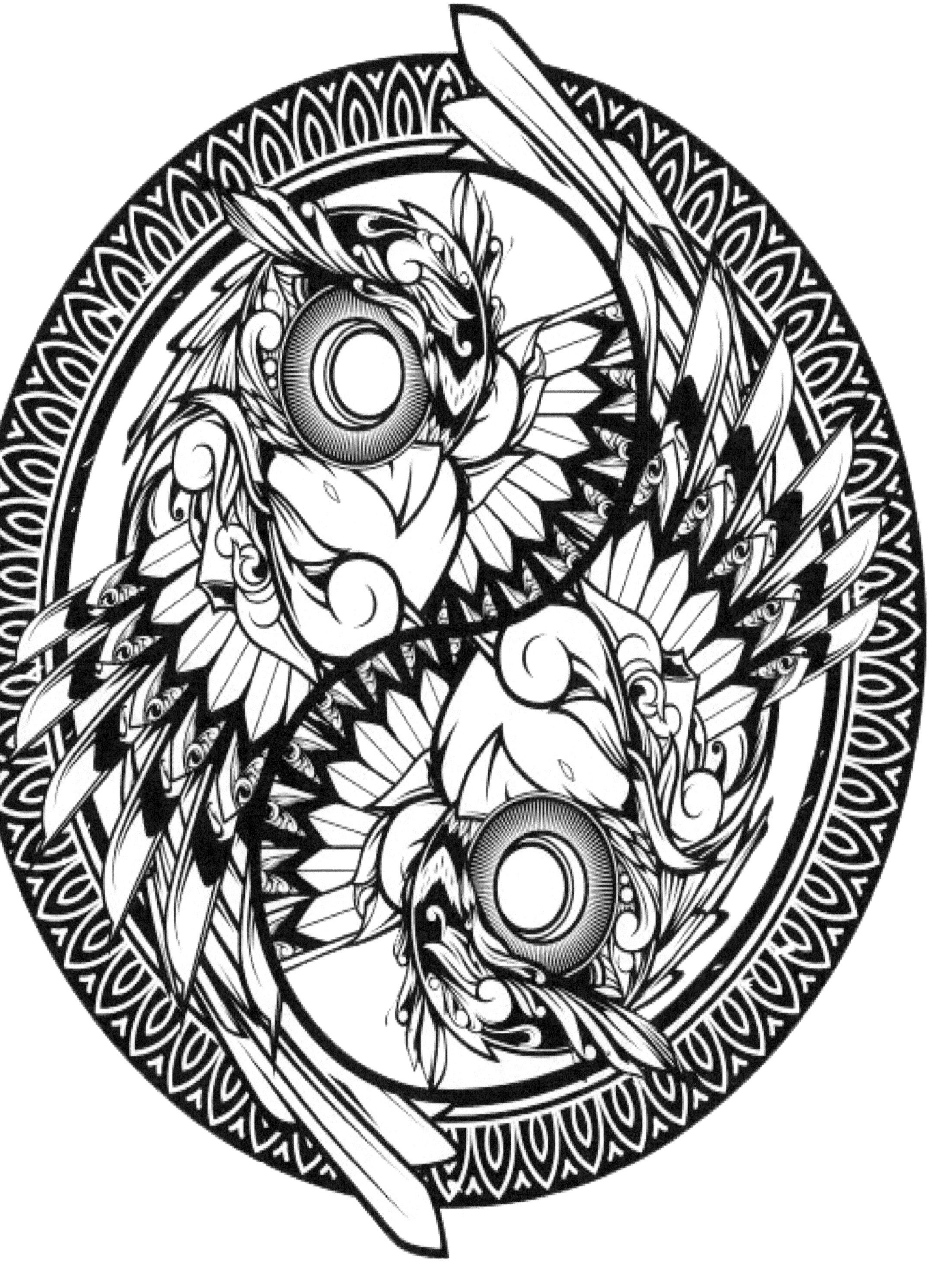

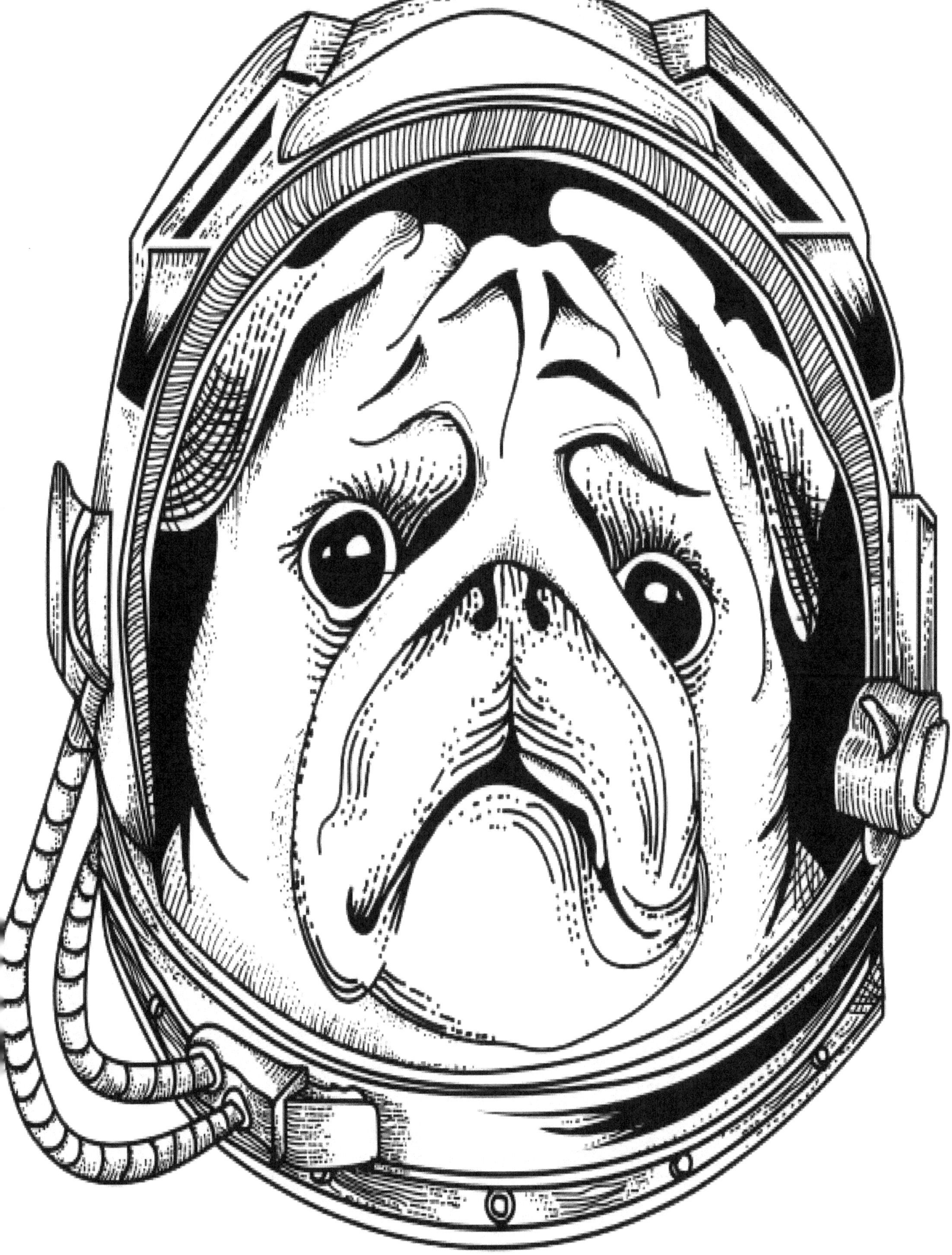

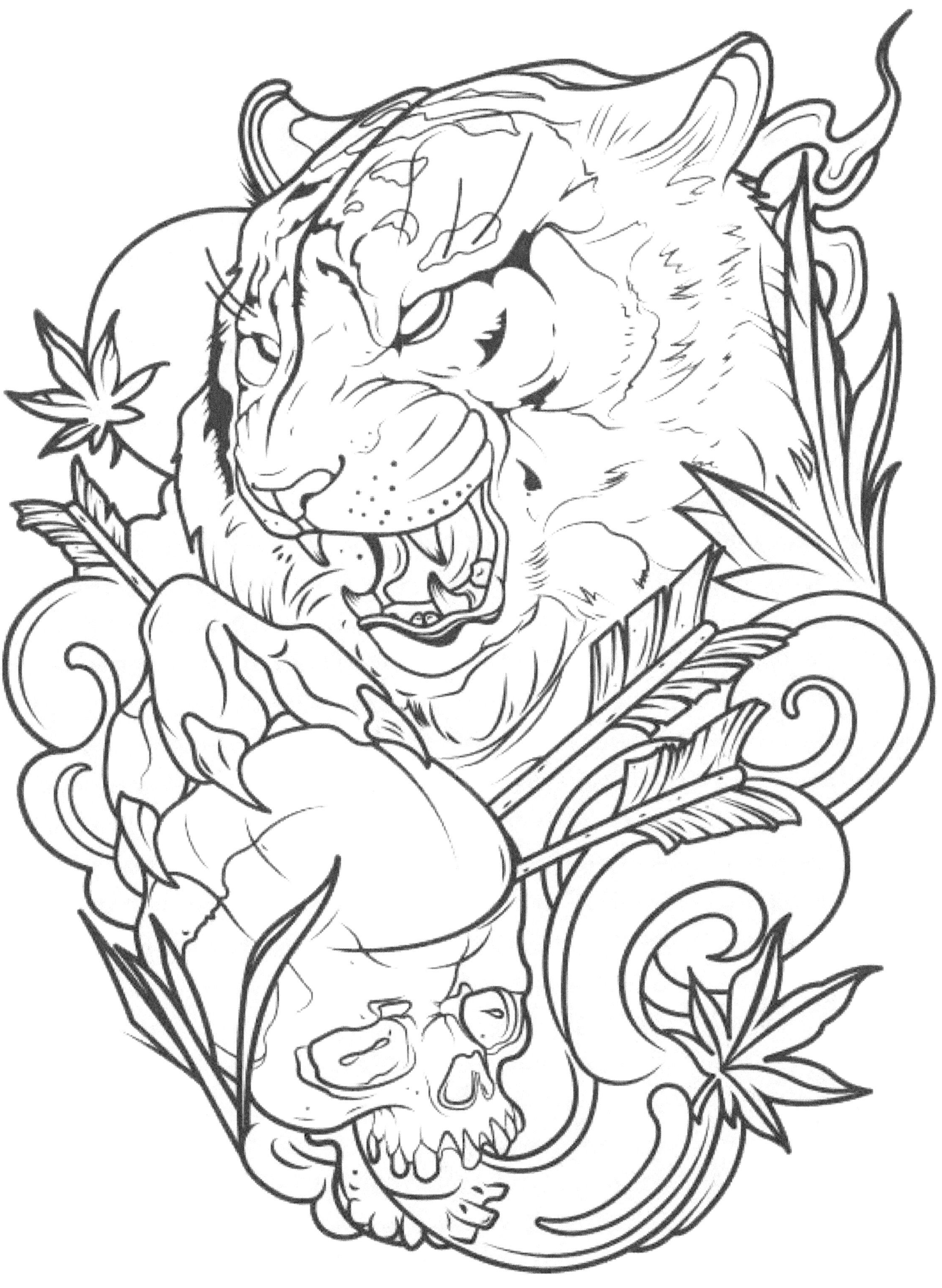

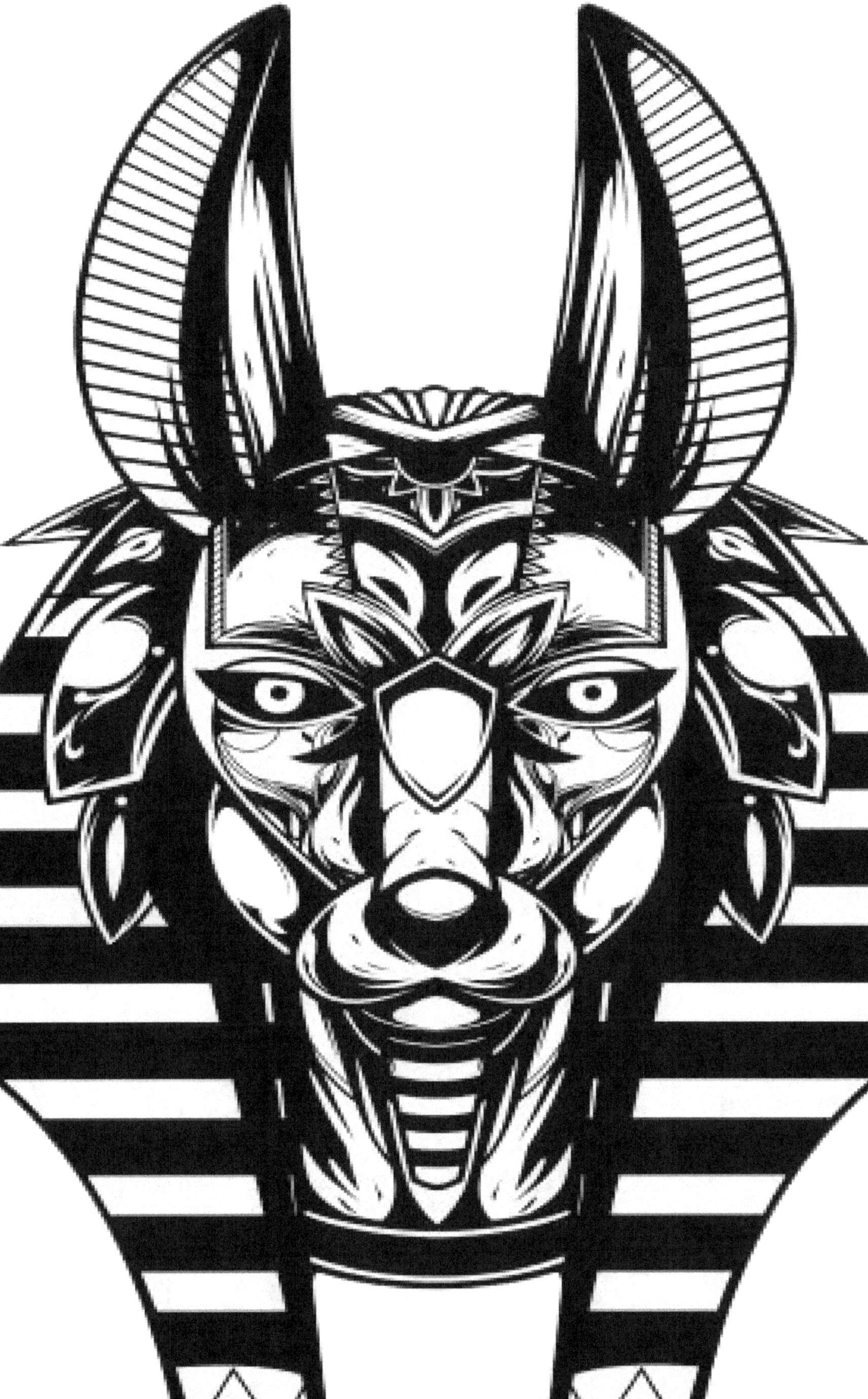

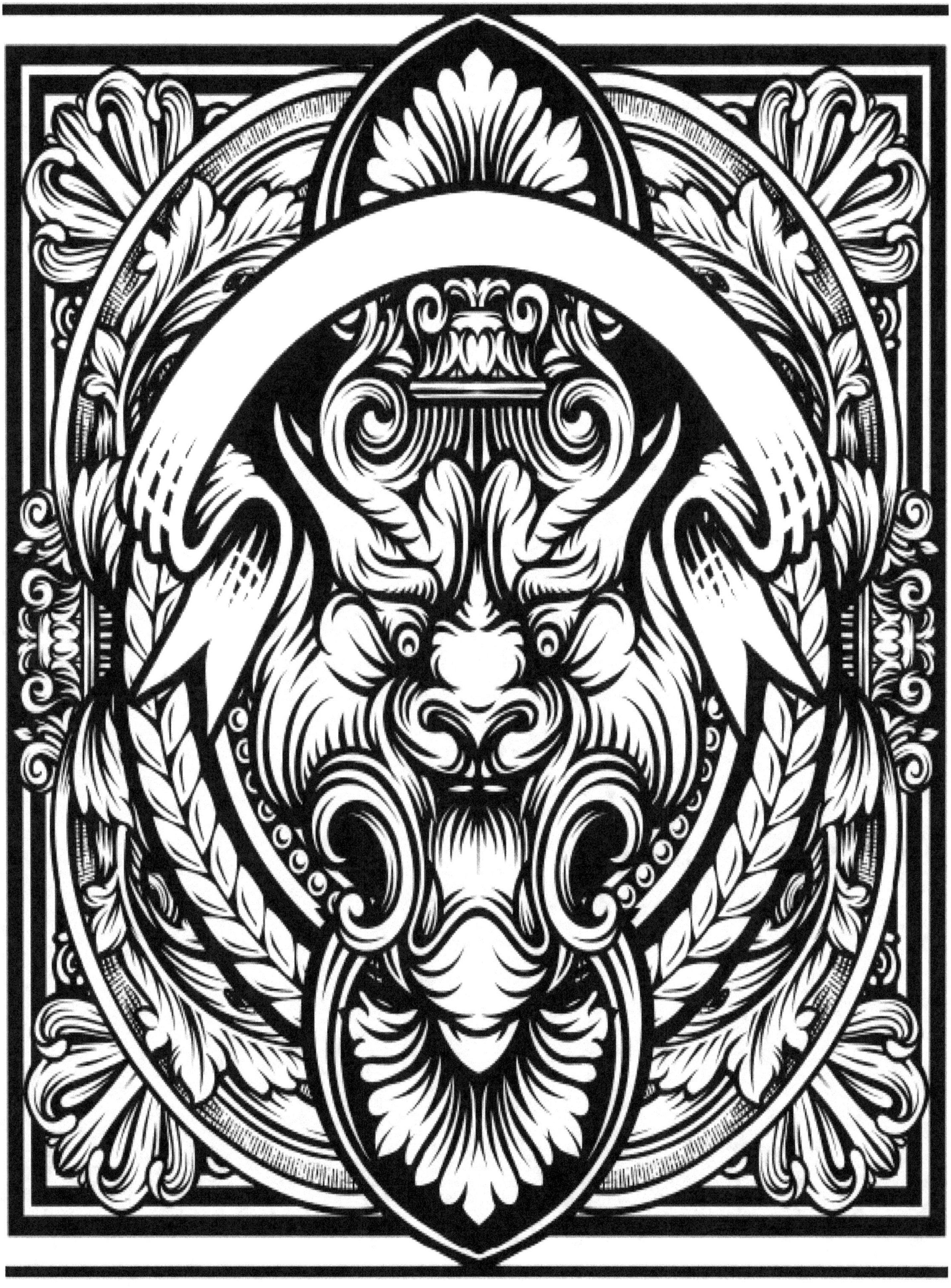

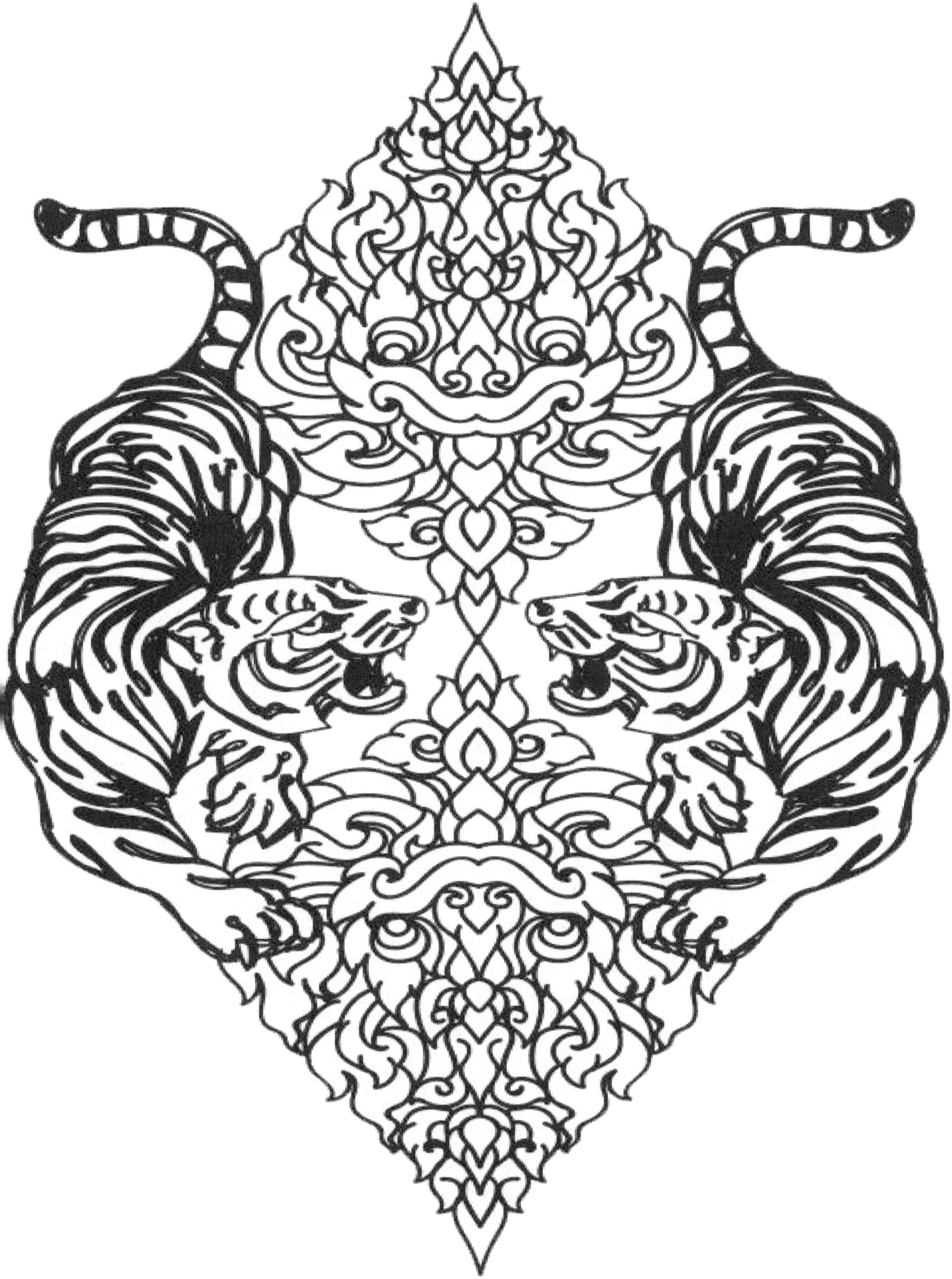

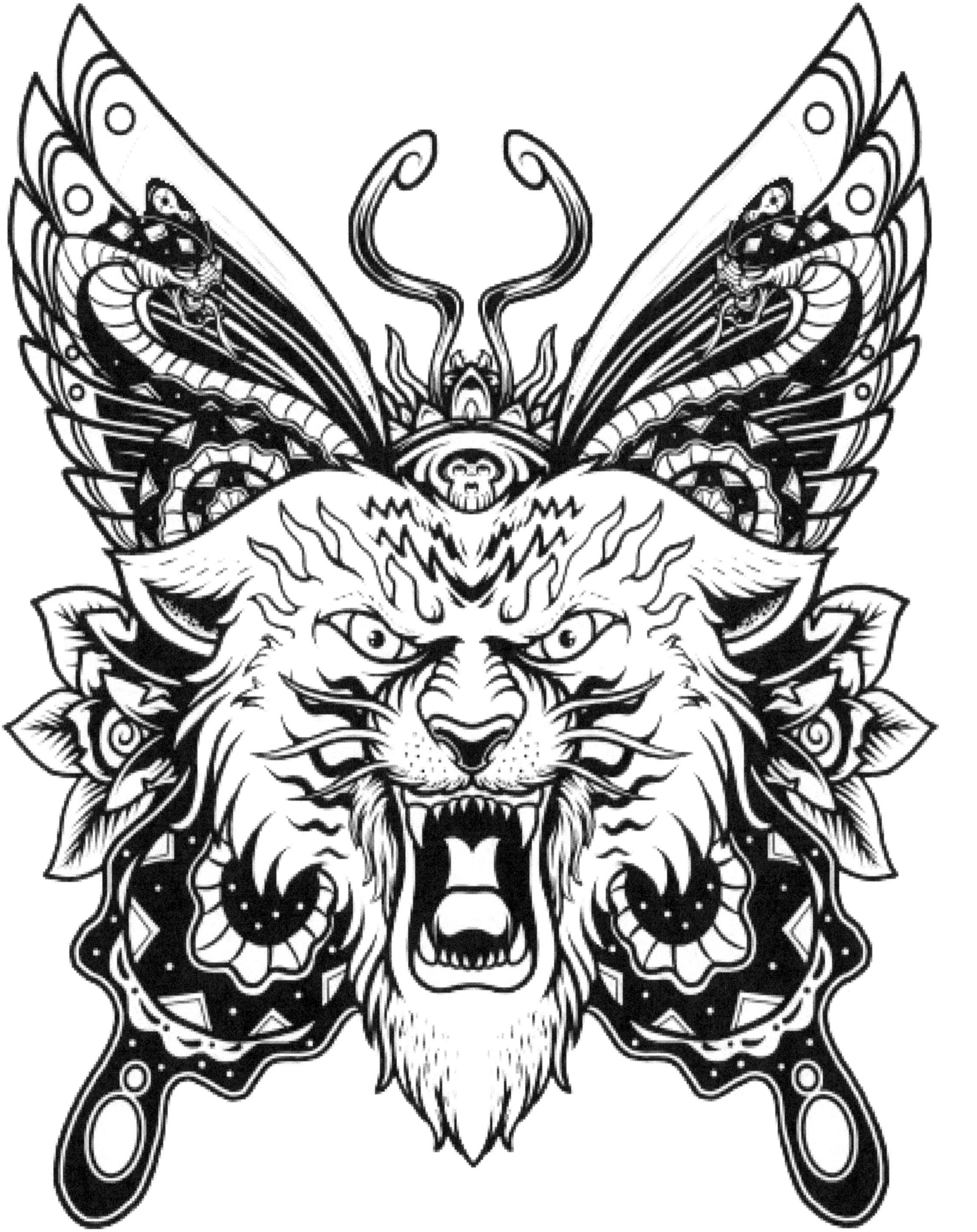

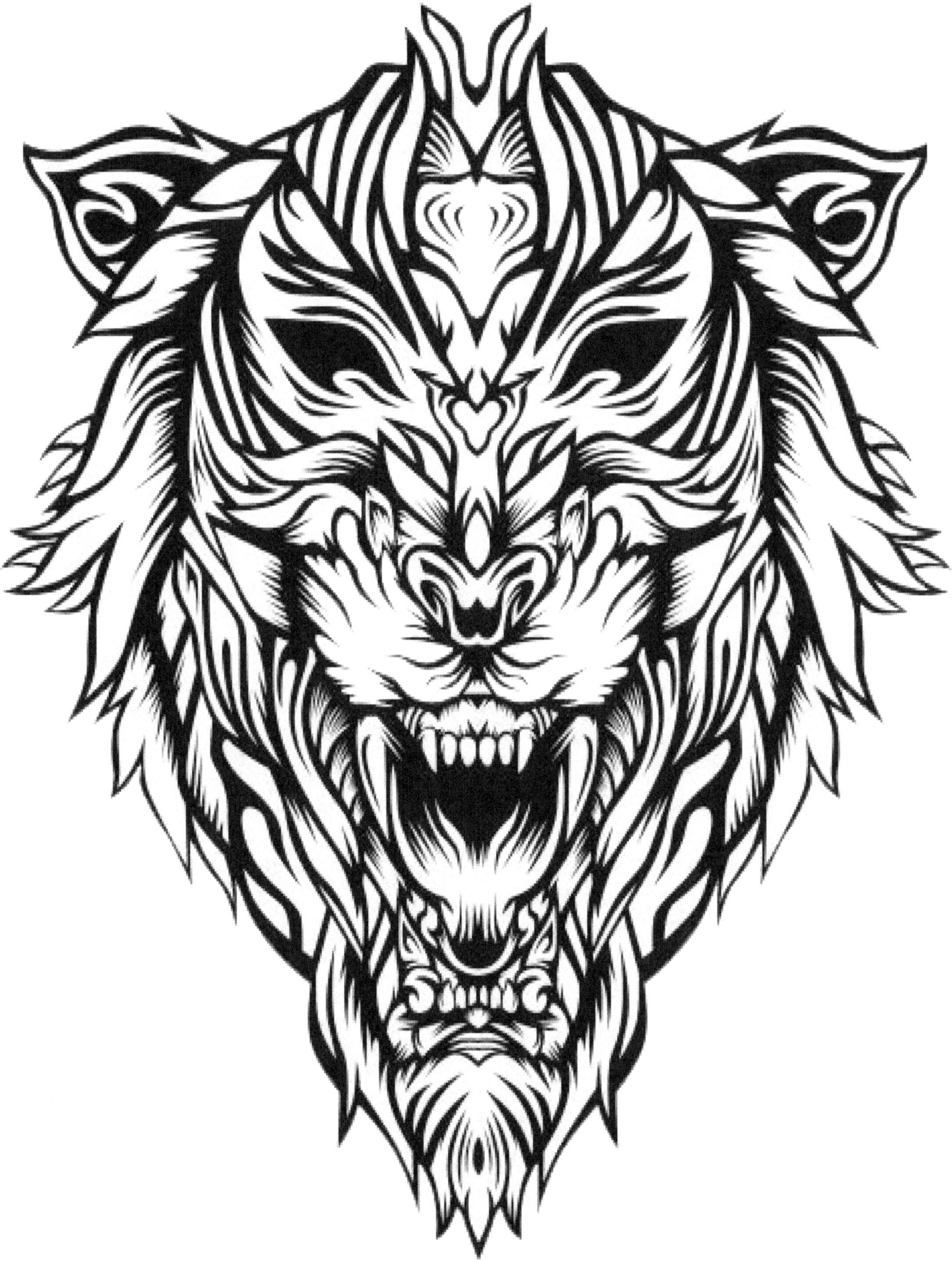

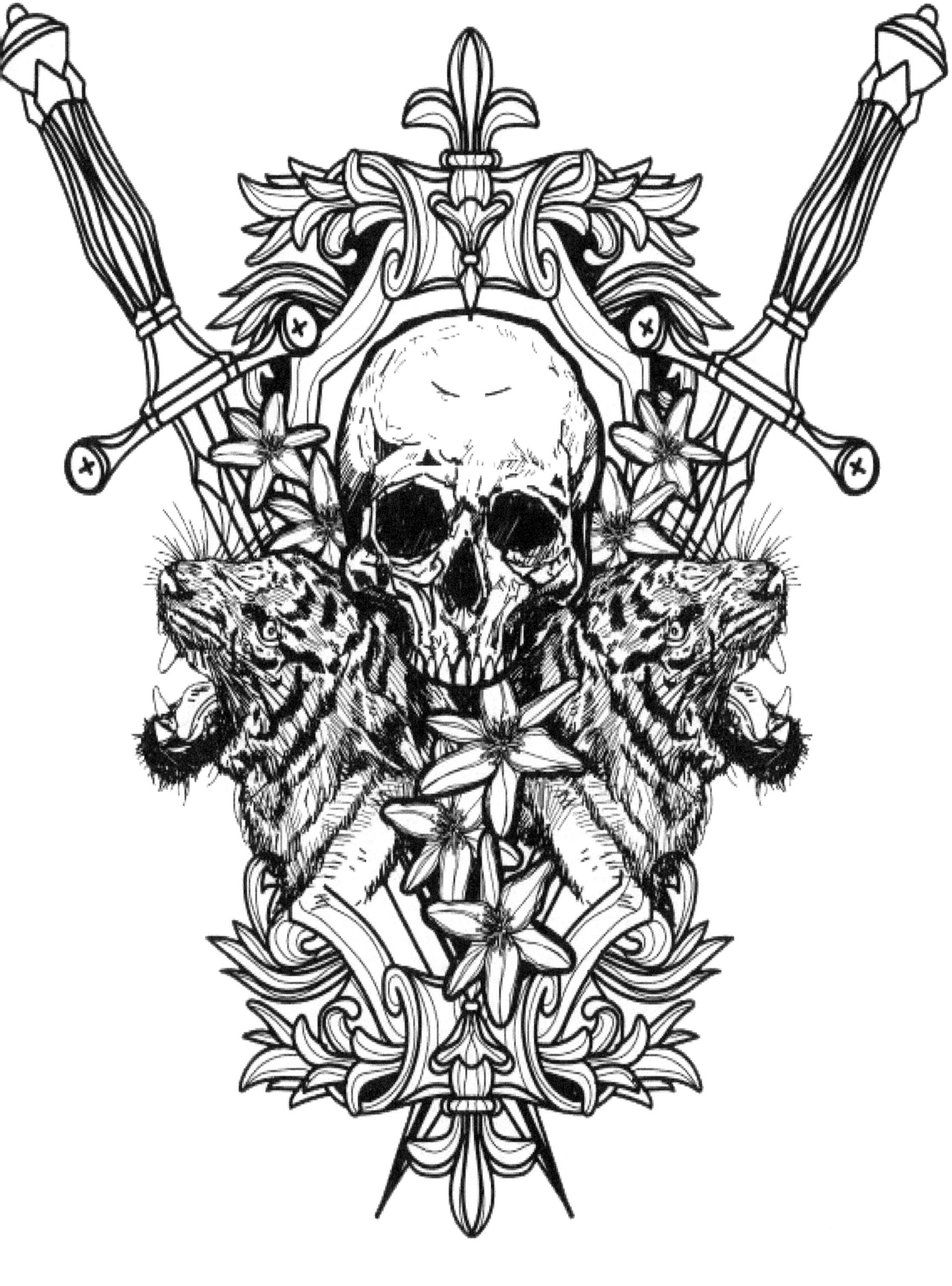

www.ingramcontent.com/pod-product-compliance
Lightning Source LLC
Chambersburg PA
CBHW060430220526
45465CB00008B/3087
* 9 7 9 8 6 4 4 1 6 7 5 4 8 *